基督教文化研究丛书

主编 何光沪 高师宁

初编 第 9 册

谷中百合——
傈僳族与大花苗基督教音乐文化研究（下）

孙晨荟 著

花木兰文化出版社

国家图书馆出版品预行编目资料

谷中百合——傈僳族与大花苗基督教音乐文化研究（下）／
孙晨荟 著--初版--新北市：花木兰文化出版社，2015〔民
104〕
目 6+164 面；19×26 公分
（基督教文化研究丛书 初编 第 9 册）
ISBN 978-986-404-200-5（精装）
1. 宗教音乐 2. 基督教
240.8   104002086

基督教文化研究丛书
初编 第九册
ISBN：978-986-404-200-5

谷中百合——
傈僳族与大花苗基督教音乐文化研究（下）

作   者 孙晨荟
主   编 何光沪 高师宁
执行主编 张 欣
企   划 北京师范大学基督宗教文艺研究中心
总 编 辑 杜洁祥
副总编辑 杨嘉乐
编   辑 许郁翎
出   版 花木兰文化出版社
社   长 高小娟
联络地址 台湾 235 新北市中和区中安街七二号十三楼
         电话：02-2923-1455 ／ 传真：02-2923-1452
网   址 http://www.huamulan.tw 信箱 hml810518@gmail.com
印   刷 普罗文化出版广告事业
初   版 2015 年 3 月
定   价 初编 15 册（精装）台币 28,000 元

谷中百合——
傈僳族与大花苗基督教音乐文化研究（下）

孙晨荟 著

目

次

第六章　云贵地区大花苗基督教仪式与音乐田野考察

第一节　复活节、感恩节和圣诞节庆典

一、受难节暨复活节庆典

楚雄彝族自治州地处云南省中部，距离省会昆明 168 公里，交通较为便利。州属禄丰县由于发现恐龙化石和腊玛古猿化石被誉为恐龙之乡，至 2011 年该县共有 23 个基督教教堂，信徒 1 万 2 千余人，其中苗族信徒 1 万余人，汉族信徒 2 千余人[9]。2011 年 4 月 9－10 日，笔者一行参加了楚雄彝族自治州禄丰县仁兴镇辣子菁村辣子菁人花苗教会的受难节暨复活节庆典活动。逢大节日和主日礼拜，禄丰县辣子菁教会通常联合武定县干沙沟教会和富民县白石岩教会一起轮流举办活动，但教会之间距离较远，人们步行往往需要 2 小时左右。辣子菁教会的各项资金基本由信徒奉献，年收入约三万元左右，举办一次大活动需一万元左右。

4 月 9 日上午，笔者从昆明赶至禄丰县，县基督教两会的龙主席带我来到该县的圣经培训中心，计划一起吃过午饭后与学员们共同坐车前往辣子菁村。培训中心的学员多是 12－18 岁本地教会的年轻花苗信徒，逢遇此类大节日他们都会前去参与和交流。下午 13:00 与培训中心学员 30 余人一起搭车，经过 3 小时左右的山路，临近村口数公里的山洼处停下来休息，此时手机已

---

9 该数据资料由禄丰县基督教两会主席提供。

经没有信号。十多个女孩子说着苗语下车走入一片小树林，嘻嘻哈哈地放下身上的背包，取出里面漂亮的花苗服装穿戴打扮起来。如今，美丽的民族服装在大多数的少数民族身上只有在节日里才能看见。休息 15 分钟之后大家继续赶路，剩下的路程依旧被沿途运矿的大货车弄得黄土漫天风尘仆仆。16:30我们到达辣子菁村，远远就看见村入口处矗立着一座白瓷砖墙面的教堂，身穿花苗服装的信徒男左女右站立在道路两侧，在一个手风琴的伴奏下拍手唱歌夹道欢迎来宾，这样的迎宾场景只有在云贵地区的花苗和彝族教会才能见到。刚刚到来的学员们进入教堂，首先开始一场小小的欢迎仪式，一个花苗的唱诗班站立在台上开始唱诗，待人们进入教堂坐下闭目祷告后，由一位传道员代表本教会致欢迎词并带领祷告，20 分钟左右这场简短的仪式结束。此时院落里的人们各司其职，一位花苗女教师正带领主日学的小孩子们在台阶上练习唱诗和舞蹈，厨房门口聚集着三两群妇女削土豆和洗白菜。厨房建在比教堂高七八个台阶的半山坡处，进入观看时只见屋内热火朝天，厨房的七口大灶十分显眼，每台还标着阿拉伯数字，这种场面很有特色。房顶梁柱上挂着成串的腊肉香肠，妇女们围着大灶拿着铁铲煮饭和烧菜，男人们坐在小桌子边切菜摘菜。此时屋外传来歌声，又一组来宾到达，花苗的迎宾队伍如迎接我们一般再次唱起了欢迎歌。随着天色渐暗，人们正在布置教堂外小广场的灯光，红色条幅已经拉起来，上面写着"辣子菁教会二零一一年受难节礼拜"，此时已经闲下来等待吃晚饭的花苗信徒们三三两两地散坐在各处聊天。

　　傍晚时分晚饭开始，人们一拨拨流水席前往吃饭，饭后人们来到小广场的长椅上坐下，一起祷告和等候受难节晚礼拜的开始。受难节是复活节前三天纪念耶稣在十字架上被钉死受难的节日，应是 8 日晚举行。由于资金和当地多山路途不便的原因，故改在 9 日晚举行，以连接第二天 10 日一天的复活节活动，这样集中过节的方式不仅方便信徒也节约资金。天色渐暗，人们在讲台正中摆放一张桌子，旁边设有一台电子琴，一座调音台和两架手风琴。主持人手持圣经、司琴预备歌谱上场，参加礼拜的信徒环绕围坐在小广场的四周，人手一本圣经和苗文《颂主圣歌》，19:30 受难节礼拜开始，天色已经完全黑来下来，整个山谷只被小广场支起的一盏电灯泡照耀着，在山村寂静的黑暗环绕中引人凝神。整场礼拜用苗汉双语交替，包括赞美诗演唱同样如此，当晚的礼拜持续近两个半小时，程序如下：

主礼长老问候

传道员代祷（苗语）

全体会众唱苗文《颂主圣歌》第 33 首（电子琴伴奏）

三教会联合唱诗班在歌声中上台

圣经朗诵（汉语，男声，"耶稣在客西马尼园的祷告"，电子琴伴奏）

男女声独唱苗语诗歌

圣经朗诵（汉语，男声，"耶稣被卖"的经文，电子琴伴奏）

男女声独唱汉语诗歌"主的路，长又长"（唱毕，独唱者退回合唱队）

唱诗班四声部合唱"十字架的路"（苗汉双语交替演唱）

唱诗班四声部合唱"各各他的爱"（汉语）

唱诗班四声部合唱"十架七言"（汉语）

张老师代表祷告（汉语）

三教会联合唱诗班撤

武定县大菁教会唱诗班献唱"如羔羊"（汉语）、"为得着中国"（苗语）

主日学儿童节目表演经文朗诵（汉语）和手语歌曲"伟大奇妙神"、"复活在我生命在我"、"光明之子"

英歌哨教会唱诗班献唱"这里有神的公义"（汉语）、"耶稣人类的希望"（汉语）、苗语诗歌（手风琴和电子琴伴奏）、"主永活在我心"（汉语）

禄丰县圣经培训班学员献唱"主爱为我钉十字架"（选自苗文《颂主圣歌》，手风琴伴奏）、"各各他的爱"（汉语，手风琴伴奏）

传道员上台祷告（苗语）

传道员讲道（苗语）

王执事报告事项

龙传道员报告事项

长老代表祷告（汉语）

全体公诵主祷文（汉语）

临近 22:00 受难节礼拜结束，休息半小时后，厨房准备了米线作宵夜。

23:00 左右，虽沉浸在受难节优美铭心的歌声中，但人们还是快速离去休息，以准备次日全天的复活节礼拜。

10 日清晨 6:30 天色蒙蒙亮，早祷礼拜开始，持续了一个小时。清晨祷告作为一天生活的开始，是基督宗教徒重要的灵修功课。当日是复活节庆，早祷礼拜多选择祈祷和耶稣复活相关的歌曲内容，这场礼拜全程用汉语。程序如下：

汉语赞美诗"我的神我要敬拜你"（全体清唱）

代表祷告

汉语赞美诗"我以祷告来到你跟前"（全体清唱）

圣经朗诵"复活的清晨"

电子琴伴奏汉语赞美诗

全体静默祷告

代表祷告

汉语赞美诗"坐在宝座上圣洁羔羊"（电子琴伴奏）

全体同声祷告

汉语赞美诗"每当我想起你"（电子琴伴奏）

祷告词朗诵"复活的主"

全体同声祷告

汉语赞美诗"没有栅栏的天空"（电子琴伴奏）

全体同声祷告（电子琴伴奏赞美诗背景音乐）

汉语赞美诗"天夜里的庄稼"（电子琴伴奏）

全体同声祷告

全体公诵主祷文

7:30 早祷礼拜结束，厨房开始准备早饭，人们各自回屋休息或上山散步。9:30 早饭开始，为了招待好来自各地三百多位的来宾，辣子菁教会的饭食颇为丰盛并充满苗族特色，有地莲花炖猪肉、薄荷叶炖羊肉、水煮莲花白、油炸蚕豆、炒碎猪肉和烧豆腐。吃过早饭，人们开始为中午的礼拜做准备。12:00 午礼拜开始，正午的阳光灼热，小广场没有任何遮挡，很多人撑起雨伞或裹着头巾坐在广场中间参加礼拜。午礼拜程序如下：

主礼长老致辞

主日学儿童表演三首歌舞、一段经文朗诵

　　唱诗班献唱"耶稣，人类的希望"、"各各他的爱"、"基督得胜了"（手风琴和电子琴伴奏）

　　唱诗班献唱"生命江河"、"复活的清晨"、"哈利路亚"（电子琴伴奏）

　　唱诗班献唱"你们心里不要忧愁"、"投靠者的赞美"（电子琴伴奏）

　　唱诗班献唱"各各他的爱"、"耶稣复活"、"基督得胜了"（电子琴伴奏）

　　唱诗班献唱"哈利路亚基督复活"、"基督得胜了"（电子琴伴奏）

　　联合唱诗班献唱"复活的清晨"、"主复活歌"（手风琴和电子琴伴奏）

　　传道员讲道（汉语）

　　大菁教会唱诗班献唱 3 首

　　龙潭教会唱诗班献唱 3 首

　　张主任讲道（苗语）

　　午礼拜持续 2 小时左右结束，下午的时间自由活动，大家休息游玩和聊天，晚上 19:30 复活节晚礼拜开始。程序如下：

　　主礼长老致辞

　　全体会众唱汉族赞美诗歌第 887 首

　　培训班学员献唱"请看上帝羔羊"、"主才离开天宫"（汉语）

　　辣子菁教会唱诗班献唱"美哉圣羔羊"（汉苗双语）、"弥赛亚大哉圣羔羊"

　　张秘书长讲道（苗语）

　　全体会众唱苗文《颂主圣歌》第 33 首

　　恩赐崇拜表演活动：

　　培训班学员背诵圣经

　　辣子菁教会唱诗班表演手语歌舞"各各他的爱"

　　培训班学员表演男女二重唱"起来，与我同去"

　　辣子菁教会女声独唱汉语赞美诗

　　培训班学员表演手语歌舞"他是我永生的救主"

　　　　辣子菁教会唱诗班男女二重唱"如羔羊"（汉语）

　　　　培训班学员女声独唱"永被爱"（汉语）

　　　　全体会众唱苗文《颂主圣歌》第54首

　　　　长老代表祷告（苗语）

　　当天的晚礼拜持续到22:00结束，节目内容较前三场更为丰富。四场礼拜的定义也不相同，9日晚礼拜是受难节礼拜，整体氛围庄严肃穆，多选择传统的四声部合唱赞美诗曲目。10日清晨早祷礼拜以祷告为主，整体氛围安静沉思，多选择祈祷和纪念复活节清晨的通俗汉语赞美诗。10日的午礼拜是复活节礼拜，整体氛围欢庆荣耀，多选择纪念耶稣复活和得胜内容的传统四声部合唱赞美诗曲目。10日的晚礼拜定为恩赐礼拜，即是来宾们的才艺表演，整体氛围较轻松活跃，多选择流行风格的赞美诗和歌舞表演，这两天的活动便是一场完整和集中的云南大花苗教会受难节暨复活节庆典仪式。

二、感恩节和圣诞节庆典

　　感恩节通常在11月举办，由于临近12月份的圣诞节，很多教会把两节合并在一起举办。下文记录的感恩节和圣诞节实况录像，由贵州省大花苗教会以及云南省学文影视制作中心等提供。

　　2006年12月4日贵州省威宁县城关基督教堂举行感恩节礼拜，该教会的礼拜仪式与汉族城市教会的相同，聚会信徒以中老年妇女为多，虽时常可见花苗、彝族等少数民族的装束，但相对乡村教会而言，少数民族的氛围则淡了很多，礼拜时全部使用汉语，歌本使用全国教堂通用的汉语《（新编）赞美诗》。礼拜程序如下：

　　　　主礼人带领全体会众学唱赞美诗"一切全献上歌"（全体起立清唱，一位花苗信徒指挥）

　　　　全体同声祷告礼拜开始

　　　　朗读圣经（全体坐）

　　　　主礼人带领全体会众唱赞美诗"献己于主歌"（全体坐清唱）

　　　　城关教会唱诗班献唱"献恩时候来到了"、"一年感恩歌"、"神的恩典不改变"（电子琴伴奏）

　　　　全体会众唱赞美诗"一切全献上歌"（全体坐、电子琴伴奏）

　　　　全体会众唱赞美诗"荣美福地歌"（全体坐、电子琴伴奏）

城关教会唱诗班献唱"颂赞归天家"

城关教会唱诗班献唱"一年谢恩歌"

奉献礼：

在诗班持续的歌声中，信徒开始轮流走上前奉献礼物。首先是多少不等的口袋和麻袋装大米，将其倒入讲台旁的一口大缸中；其次是奉献钱款，将其投入讲台前的奉献箱内；最后诗班成员轮流前去奉献钱款。

某教会唱诗班献唱"主赐福如春雨"（清唱）

某教会唱诗班献唱苗文《颂主圣歌》245、189 首（电子琴伴奏）

城关教会唱诗班献唱"收成归天家"（汉苗双语）、"献恩时候来到了"

某教会唱诗班献唱"诗篇150首"、朗诵圣经《玛拉基书》3：10-12、"献恩时候来到了"、"一年献恩歌"、"用心灵来献上"、"每当我们想起了你"（清唱）

某教会唱诗班朗诵圣经《诗篇》126 篇，献唱苗文《颂主圣歌》265、266 首

教会唱诗班朗诵圣经《诗篇》55 篇，献唱《收成谢恩歌》

讲道员讲道

全体会众公诵主祷文

2010 年 12 月云南禄丰县辣子菁教会举行感恩节礼拜，唱诗班每排 10 人逐渐走上讲台，共站立十排约一百人左右，每人的双手都系着金银色的花环，在手风琴的伴奏下手持玉米、黄瓜、树叶、南瓜、辣椒、苹果等农作物献唱"感谢耶稣圣子"作为感恩节礼拜的开始。第二首歌曲由全体诗班拍手做手语动作以及变换简单的舞蹈队形边跳边唱"让我们献上感谢"。接着主礼人上台朗读圣经旧约《申命记》16：5-17，唱诗班在两台手风琴的伴奏下唱"收成感恩歌"，并逐行排队走下讲台进入教堂，已进入的成员男左女右站立左右两排夹道继续唱歌，后进入的所有信徒逐个在地上的一个小纸箱里投入个人奉献的钱款，指挥带领着唱诗班，在一台电子琴和手风琴的伴奏下联唱了五首感谢的赞美诗，歌声持续到全体人员全部进入教堂完成奉献礼。礼毕，全体回到堂外小广场继续活动，唱诗班献唱苗文赞美诗一首后，长老上台代

表祷告。接下来，儿童主日学在一位花苗女教师的指挥下上台表演福音手语舞蹈"和撒那"，以及歌舞"耶稣基督说了一句话"、"神的爱"。在某教会唱诗班献唱"看哪我要做一件新事"、"这婴孩是谁"、"耶稣人类的希望"三首赞美诗之后，从村口处出现了一匹由人装扮的马，上面拉着一位白胡子圣诞老人，他打开口袋取出圣诞礼物分发给大家。

2004 年 12 月 24−25 日，贵州省基督教神学班举行圣诞节联欢会。该神学班创建于 1993 年，教学楼坐落于贵阳市，为全省培养青年教会牧者，有大花苗、小花苗、彝族、白族、土家族、仡佬族、布依族、侗族等十多个少数民族的信徒参加培训。圣诞节晚会由两男两女四位主持，程序如下：

12 月 24 日平安夜联欢会表演：

贵州基督教神学班唱诗班四声部合唱赞美诗"平安夜"（屋内熄灯，成员穿白色诗袍，手持蜡烛和歌谱，钢琴伴奏）

贵州基督教神学班唱诗班四声部合唱赞美诗"大哉神羔羊"（吹灭蜡烛，屋内亮灯）

贵州基督教神学班唱诗班四声部合唱赞美诗"哈利路亚"（选自亨德尔清唱剧《弥赛亚》）

安顺教会表演舞蹈和朗诵"云间的声音"

女子双人舞"拉住你的手"

儿童诗歌"耶稣爱小孩"（一男童和一女童齐唱，一男童二胡伴奏）

圣诞福音剧"耶稣降生"

女童烛光舞蹈"主是明亮晨星"

老年女子歌舞"基督降生真快乐"（拍手清唱）

女子歌舞"十字圣光照耀我"（侗族服装，边跳边唱，无伴奏）

双人儿童歌舞"主啊你是我的神"

学员唱诗班献唱"主我愿做一个基督徒"

厦门教会女子舞蹈"圣夜静"

圣诞小品

老年唱诗班"天是耶和华的天"

女童歌舞表演

男童唱诗手语表演

女童歌舞表演（穿圣诞老人服装）

圣诞老人向全场分发礼物和糖果

12 月 25 日圣诞节联欢会表演：

女子舞蹈表演

老年唱诗班献唱

福音快板表演

女子扇子舞表演

女子花环舞表演

贵州基督教神学班唱诗班四声部合唱赞美诗"哈利路亚"（选自亨德尔清唱剧《弥赛亚》）

民乐队演奏"中国的早晨五点钟"、"最知心的朋友"（五把二胡、一把柳琴、一个长笛）

女子舞蹈表演（侗族服装）

管乐小合奏赞美诗（一个圆号、两个单簧管、一个长笛）

女子舞蹈表演（侗族服装）

大花苗扇子舞表演"哈利路亚"

全体唱赞美诗

代表祷告

分享耶稣圣诞大蛋糕

第二节　礼拜仪式

一、平日礼拜及洗礼圣餐仪式

　　2011 年 4 月 16 日，笔者参加了云南省昆明市官渡区茨坝复临安息日基督教堂的安息圣日礼拜。复临安息日教会（Seventh-day Adventist）是基督教的一个派别，在全球拥有一千多万信徒，该派以守安息圣日－星期六为主要特点，即主日崇拜在星期六举行，并相信圣经预言耶稣即将复临，教义禁忌主要是不吃猪肉。在中国，安息日教会通常会被正统保守的基督教福音派信徒认为是异端，但该派是中国政府承认的少数基督教合法分支派别。昆明茨坝教会成立于 1939 年，初由一位张姓汉族牧师在昆明北郊花鱼沟建立"耶稣堂"，20 世纪 50 年代此处移民一批穆斯林回族信徒，张牧师一家与之和睦相处亲如家人，这段历史至今在当地传为佳话，现在的茨坝建有一座大清真寺和一座大教堂，见证了持续至今的宗教和睦。云南大花苗皈依复临安息日教派的历史源于 20 世纪 40 年代，他们的聚会场所主要集中在茨坝教堂以及距离昆明 23 公里的富民县安息日会教堂等地。除此之外，云南安息日会教堂还建立在玉溪市、普洱市和西双版纳勐腊等地共四座。4 月 16 日当天，昆明茨坝安息日会教堂的安息圣日全天礼拜活动程序如下：

8:30—9:00 教唱诗歌 新版《颂赞诗歌》102 首 主礼龙 xx

9:00—9:20 教背经文 约翰福音 16:3、8；诗篇 61:8 主礼蒋 xx

9:20—10:10 福音分享 "最大的应许" 主礼李 xx 讲道陈 xx

10:30—11:45 圣日崇拜 主礼林 xx 讲道张牧师（全场用汉语）

会众唱赞美诗

读经

唱诗班献唱

大花苗学员代表献唱

代表祷告

讲道

祷告

会众唱回应赞美诗

牧师讲话

11:45—13:00 午饭

13:30—15:00 安息日学 第 13 课 "巴录：在乱世中积财" 主礼王 xx 讲道施 xx

15:00—16:00 练习诗歌与读经 诗班一班、二班、儿童版、研习小组

与其他多数城市大教堂的不同之处是，茨坝教堂保留了小型教会传统的集体吃饭制度，中午聚会结束之后，人们可以在教会食堂排队打饭，一起享受谢饭祈祷和交流的时光，很多穷苦的教内外人士此时都可以享受这顿免费的午餐，下午继续进行圣经的深入学习和个人信仰的分享交流。这样的传统使人们可以一整天参与教会的所有活动，彼此之间有更紧密深入的接触和联系，而大部分的城市大教堂已无法做到这一点，聚会的信徒也仅能参加完礼拜自行活动或各自回家，深入交流的机会十分缺乏。笔者参加了该教会全天

的活动，在大教堂内感受到如同小教会般的亲密和睦氛围。

　　2011 年 4 月 18 日笔者赶往贵州省威宁县，参加了大花苗城关教会东门聚会点的一场晚礼拜。该聚会点坐落在威宁县城一间普通简陋的小民房内，约有 20 平米左右，墙上除了挂着的一架时钟以及"以马内利"和"神就是爱"两幅十字绣外别无装饰，另有一架电子琴摆放在屋内。为了欢迎我的到来，聚会点的全体信徒男女老幼四十余人都来参加晚礼拜，唱诗班的年轻成员穿上传统的红白相间大花苗服装，老年女性成员则穿着上黑下白的大花苗服装。礼拜一开始，聚会带领人王长老代表祷告，一位十岁左右的小男孩担任今晚的电子琴伴奏，看得出他非常熟悉教会歌曲，即兴伴奏熟练而流畅。老年唱诗班首先献唱两首传统的苗文《颂主圣歌》赞美诗和一首苗族风格欢快活泼的赞美诗，唱到后一首时，全体的情绪明显欢快了起来，老年人特别快乐地拍手大声高唱，昏暗而狭小的屋内充满了喜悦的氛围。在青年唱诗班献唱了两首苗文《颂主圣歌》赞美诗之后，聚会带领人王长老带领全体唱了一首苗文《颂主圣歌》赞美诗。唱诗完毕，王长老用苗语讲道持续约 20 分钟左右。讲道结束后全体信徒唱赞美诗，看得出来大花苗非常喜欢唱歌，这里的信徒无论男女老幼特别是唱到苗族风格的赞美诗时，无一不连唱带蹦拍手高歌，现场参与的人都会被其氛围所感染。在两首欢快的苗族风格赞美诗之后，我邀请三位 70 岁左右的老年女信徒演唱她们所记得的老旧苗文赞美诗和传统的苗族古歌，老人们显得较为局促，唱出尖锐的歌声引来大家善意的笑声。她们并不太愿意唱苗族古歌，一方面是觉得唱法不好听，一方面是很少有机会演唱基本也不记得。待老人们唱完之后，大家全体起立公诵主祷文，结束了今天的晚礼拜。

　　2011 年 4 月 19 日，笔者前往贵州赫章县铁匠苗族乡烈盟村烈盟组德茂教会参加礼拜。德茂教会福音堂建于 1986 年 7 月 12 日，是一个简易的土木结构房屋，这是大多数传统老式花苗教堂的样式。由于年老失修，目前该教会正筹措建立基督教堂，不远处的山坡上就是基督教堂的选址，与大多数贫穷的少数民族乡村教会一样，建堂资金也是德茂教会的难题。当天 15:00，笔者一行参加了这个两百人花苗教会的一次礼拜。在进堂的道路上，我们又一次感受到了花苗教会传统的男左女右夹道拍手唱歌欢迎的迎宾式。教会年轻的负责人朱 xx 上过贵州基督教神学班，能说流利的汉语，他全程热情招待我们，并担任当天礼拜的主礼人。当天的礼拜程序如下：

祷告

德茂教会唱诗班献唱苗文《颂主圣歌》四首赞美诗

百岁花苗老妇人分享（用苗语回忆当年传教士的情景以及唱苗文赞美诗）

全体回应唱苗文《颂主圣歌》赞美诗

长老讲道

四人女子小组献唱苗文《颂主圣歌》三首赞美诗

全体公诵主祷文

洗礼仪式是基督教接受信徒入教的正式宣告典礼，城市教会通常在教堂内设置洗礼池以施行浸水礼，没有洗礼池的教会通常施行点水礼，一些乡村教会选择在村落的河流中施行洗礼仪式。贵州省威宁县大街乡大松村大花苗教会为笔者提供了该教会 2004 年的洗礼仪式实况录像，该教会是 1909 年英籍牧师党居仁到大松考察后建立的葛布教会大松支堂，这场洗礼仪式即是在村落的河水中施行，当日参加的人数非常多，显得热闹而隆重。威宁县基督教两会、轿顶山教会、幕齐乐教会以及大街乡党委、大街乡人民政府和大街乡派出所都派出人员参与出席和维持秩序。2004 年某日清晨，大松乡教会福音堂的大喇叭开始播放欢快庄重的汉语赞美诗歌曲，广播的声音传遍了整个山村。在洗礼仪式举办的入口处，大松教会的花苗信徒盛装穿戴，男左女右两排夹道站立拍手唱"欢迎歌"迎宾，此时整个山坡上几乎站满了参与和围观的人群约一千余人，由于阳光强烈很多人撑起雨伞遮阳，远远望去这个田野山头一片花花绿绿。等待洗礼的大花苗信徒们站在河边，男士穿着衬衫长裤，女士穿着衬衫和白色花苗百褶裙。大街乡领导代和大松教会带领人轮流讲话发言，大松教会唱诗班清唱苗文《颂主圣歌》"快乐日歌"等两首受洗内容的赞美诗，此时施洗和受洗的人群已下到河水中等待，赞美诗唱完之后，两位长老代表祷告。唱诗班再一次唱赞美诗，在歌声中洗礼仪式开始。每位受洗的信徒左右两边各有一位男信徒扶着肩膀，为其祷告并问之洗礼皈依的问题后，他们将受洗者仰面全身浸入河水中并快速地扶起，此时旁边有两位花苗女信徒递过毛巾为受洗者擦拭，仪式简短而又惊心。待 70 位受洗者全部完成受洗仪式之后，大喇叭再次开始广播音乐，人们陆续进入教堂参加此次的受洗圣乐崇拜仪式，程序如下：

传道员讲话和读经

　　全体唱苗文《颂主圣歌》赞美诗三首

　　长老为受洗者代表祷告

　　圣餐礼（全体唱"领受圣餐歌"，长老发一块荞麦饼代表耶稣的身体，每人轮流掰一点，全体起立传道员代表祷告；全体坐继续唱诗，每人发一杯茶水代表耶稣的血，全体起立传道员代表祷告，领受圣餐，唱赞美诗）

　　大松教会唱诗班四声部献唱"奇妙的救主"等两首赞美诗（手风琴伴奏）

　　全体唱苗文《颂主圣歌》"快乐日歌"等赞美诗两首

　　传道员讲道

　　全体唱回应诗歌苗文《颂主圣歌》赞美诗一首

　　全体公诵主祷文

　　这场洗礼和圣餐仪式与百年前的传教士记录几乎完全一样，历史和今日因为信仰的延续忠实而完整地联接起来，因为是在花苗地区常年工作的亲历者，传教士笔下的仪式内容显得丰富生动和情感充沛。英籍牧师塞缪尔·克拉克在《在中国的西南部落中》一书中，转载了两段精彩的仪式记录。一段是 1908 年 2 月英文版《中国大众》刊登的传教士沃特夫妇探访贵州威宁地区花苗葛布教会的洗礼和圣餐礼拜仪式。（塞缪尔·克拉克 2009：94-102）另一段记录，是 1910 年 A·E·桑德斯先生记载并发表的云南武定苗族教会的第一次洗礼仪式和六百名苗民信教者被接纳入会的情况。（塞缪尔·克拉克 2009：136-139）英籍传教甘铎理编写的《柏格理日记》中，同样记载了一小段威宁县长海子教堂的洗礼和圣餐仪式：

　　（1906 年）6 月 10 日。早饭后，群众开始集合，到最后我们足有一千之众——我们两次要把人安排进教堂，但都因拥挤，搞得精疲力竭而失败了。我接收了 49 个人受洗礼。其中有几位青年妇女，当我们第一次到长海子时，她们刚在寨子里建成了一座"宿寨房"。现在，她们热爱耶稣，而那一切都过去了。后来，我们举行了圣晚餐礼。人们相继领到了面包和茶，当他们拿到踪迹的一份时，大多数人都闭上他们的眼睛，气息平静地向耶稣祈祷。这真是欢欣鼓舞的时刻。邮政局说明五个民族的人参加了礼拜：苗族、汉族、诺苏、蔡族以及我自己。在礼拜进行了五个小时之后，我返回木板小屋里休息了一会儿，随后，考试了多达27个要受洗礼的人。晚上，我们举行了一次浪漫的礼拜式。教堂里挤满了四五百个人，我们只点亮两盏中国式灯笼里的蜡烛。四周都围满了人，甚至部分人站立在墙上，我仍能看到有数百人围着篝火坐在地上。当我站在讲坛上时，我能望见更远的太阳落山处云层下面的一片白光。几颗星星显现了，在整个礼拜期间，越过群山的东南方向一只闪烁着鲜艳明亮的闪电。瓦片只是部分地盖在屋顶上，当中留下了一个巨大的天窗，使我们能够看到星星和上帝的美丽夜空。在前面的是27个准备受洗礼者。我们考试了他们，并为他们都行过洗礼。啊，真是欢欣无比！为什么我竟能被允许看到这个场景？当我们合唱时，数百个喉咙的音调汇成一股声音的巨流，在也空中显得特别宏大，真像一场大型礼拜唱出的赞美歌。大约在9点30分，我们以为一个曾当过女巫的可怜姑娘的祈祷而结束了这场奇妙的礼拜。她就跪在耶稣的面前，主听到了我们的祈祷。（柏格理等 2002：721-722）

二、新年礼拜

2009年1月30日正月初四，笔者和贵州彝族教会的信徒一行二十余人驱车前往赫章县葛布教会的分会双萍乡兴发村野物厂教会，一起参加大花苗春节期间的新年礼拜活动。葛布教会现有大花苗信徒两千余人，其中野物厂教会有两百余人。平日的礼拜时间为周三和周六晚间以及周日早中晚三次礼拜，春节期间从大年三十到正月初三每天举行午礼拜和晚礼拜，午礼拜持续三到五小时，晚礼拜从21:00开始持续两小时，这是农闲时期的特别聚会因此时间较长。开过数段极难通行的泥泞路后，我们的面包车终于无法前行停靠在山脚下，大家步行至山坡间来到一户花苗信徒家喝茶，主人正在一个小煤炉上炖着土豆鸡块等花苗人过节才能吃到的盛餐招待我们的到来，极其简陋的屋内贴满了教会的宗教画报和对联。此时，穿着花苗盛装的男女老幼在屋内进出走动，这是笔者第一次接触大花苗民族，其艳丽鲜红的服饰和独特的发型立刻引起我的兴趣，大花苗名称的也源于此。苗族认为，大花苗族在古代居于众苗族的首位，因此其他支系的苗族称之为大哥，加上其衣服上的花纹服饰较粗，在苗族迁徙的过程中，遂将花纹粗大者称之大花苗，花纹细小者称之小花苗。（吴泽霖等 2004：92-93）大花苗认为自己民族没有文字的历史被记录在美丽的服装上，女子身穿白底彩色百褶裙，男子是前后各一块白布遮住全身由腰带系住，男女的肩上都披着一块艳丽的大披肩，上绣丰富的纹饰："披肩上的云纹、水纹、棱形纹是北方故土的天地和一丘丘肥沃的田土；传统女裙上的红、黑两色花纹象征天地；中部的三道黄、蓝、绿色则代表黄河、长江和北方平原；褶裙上的彩色线条是河流、山路；背牌上的回形或方形纹是曾经拥有的城市；花带上的马字纹和水波纹，是祖先迁徙时万马奔腾过江河的雄伟气势。"（〈大花苗服饰〉@www.gzxw.gov.cn/Ztk/MyZx/Puan/200907/79603.asp）花苗未婚女子与汉族一样梳着马尾辫子，已婚妇女则在头顶脑门上将长发绾成一个扁圆的发髻，中间插上梳子，百年前在头顶梳一个圆锥形高耸的已婚妇人发髻现在已不见踪迹。大花苗儿童见到陌生人十分热情，大的牵着小的，小的背着婴儿，嘻嘻哈哈一群群在我们面前快乐地展示着他（她）们美丽的服装。休憩片刻午饭上桌，除了土豆炖鸡主人家还准备了苗家传统的酸菜煮菜豆以及腊肉等，大家围成两三桌一起谢饭祈祷吃饭，一位花苗妇人随时拿着一个长柄饭勺在旁边转悠着，看到谁饭碗里的内容略微空下去一些，立刻上前填上一勺米饭，花苗的热情使得来宾最后都不得不掩上饭碗防止被"偷袭"。

吃完午饭，14:00 我们前往教堂准备参加礼拜。野物厂教会的礼拜堂十分破旧，看起来接近危房，但一进屋内突然响起的热烈歌声让笔者措手不及。全村的信徒男女夹道分排而立拍手高唱"欢迎歌"，待我们进入坐下后礼拜开始。这是笔者参加的一场感受非常的礼拜，完全不同与城市及汉族教会的多年体验，纯朴的热情和自由的聚会如同圣经中描述罗马时代初期教会的风格一样令人难忘，礼拜程序如下：

张长老讲话、读经（约翰福音 3 章）

全体唱汉语赞美诗"我的神我要敬拜你"（手风琴伴奏）

张长老代表祷告

全体唱汉语赞美诗"教会是我的家"（手风琴伴奏）

全体唱汉语赞美诗"是主爱让我们像高山连起来"（拍掌，手风琴伴奏）

笔者被邀请分享讲话

全体唱汉语赞美诗"这是我奇妙的耶稣"（手风琴伴奏）

张长老上台带领唱汉语赞美诗"一切歌颂赞美"（手风琴伴奏）

全体唱汉语赞美诗"这是耶和华所定的日子"（拍掌，手风琴伴奏）

彝族杨弟兄上台分享

全体唱汉语赞美诗"这是耶和华所定的日子"（唱至性情处全体站起来拍掌高歌，手风琴伴奏）

全体唱苗语赞美诗（拍掌，手风琴伴奏）

全体唱汉语赞美诗"欢迎歌"（拍掌，手风琴伴奏）

彝族杨弟兄继续分享（全体坐）

全体唱汉语赞美诗"主耶稣当得赞美"（拍掌，手风琴伴奏）

彝族杨弟兄继续分享

全体唱汉语赞美诗"让我们彼此相爱"（拍掌，手风琴伴奏）

彝族杨弟兄带领全体读经并继续分享

全体唱汉语赞美诗"让我们彼此相爱"（拍掌，手风琴伴奏）

张长老上台带领唱汉语赞美诗"天下万国属主耶稣"（拍掌，手风琴伴奏）

全体唱四声部苗语赞美诗（拍掌，手风琴伴奏）

张长老上台带领唱汉语赞美诗"只因为我们"（拍掌，手风琴伴奏）

苗族龙弟兄上台分享

全体唱汉语赞美诗"十字架的爱"（拍掌，手风琴伴奏）

苗族龙弟兄继续分享

全体唱汉语赞美诗"是主爱让我们像高山连起来"（拍掌，手风琴伴奏）

张长老上台讲话

全体唱汉语赞美诗歌"主啊我赞美你"（手风琴伴奏）

张长老带领讲话

全体唱汉语赞美诗歌"赞美主赞美神"（起立，手风琴伴奏）

全体闭目同声祷告

笔者代表祝福

这场礼拜最独特的地方在于歌曲的选择和演唱安排，所有歌曲并不类似常规礼拜一样提前选择好，而是由带领人临时自由选择，原则是根据自己的感动。在人们上台分享或讲道时，只要听到自己有感受的地方，台下的某位会众会突然高声唱歌，接着全体齐唱一两段，而讲话也因此不得不被打断。如果是会众特别有感动的一篇分享或讲道，往往被打断数次，这样原本可能时间仅十多分钟的个人分享，因为这种自由进行的模式，往往被延长为一个小时甚至更长，这种情形除了临近的彝族教会相同之外，在笔者所走访的汉族城乡教会、傈僳族教会以及其他各地的教会中并不多见。带领礼拜的张长老约 50 岁左右，他热情活跃具有感染力，在带领全体唱赞美诗时，欢快投入拍手高歌在屋内两头连蹦带跳，而花苗会众更是热烈踊跃，以笔者在汉族城市教会带领了 15 年之久的唱诗班训练的经验来体会，大花苗的音乐素养和激情几乎是任何一个汉族教会都无法比拟的。

礼拜结束后，全体走出教堂在室外为我们举行诗歌专场表演。野物厂教会的唱诗班隶属葛布教会，其培训制度是总会从各分点支堂抽取成员集合在总堂进行排练组成葛布唱诗班，排练时间是周二和周四晚，聚会时间是周三和周六晚，以及周日早中晚三次。葛布教会非常重视唱诗班，但教会带领人仍向我们感叹，认为如今唱诗班的水准每况愈下，原因是培训好的成员很快就会离开外出打工等，但接下来的演唱会让笔者甚感吃惊。临近 16:00 左右在暖阳的冬日下，唱诗班成员从 3 岁儿童到 90 岁老人一共 60 多位全部参与表演，让人十分感动。看得出来这是一支训练有素的唱诗班，每人手捧统一的歌谱夹，两位手风琴手坐在旁边的长凳处，等待指挥的手势命令。在周围鸡鸭鹅的叫声和围观人群的叽叽喳喳声中，一位大花苗小姑娘报出曲名开始演唱，人们纷纷拿出手机和照相机拍照录像。表演内容如下：唱诗班献唱"颂扬歌"（苗汉双语四声部赞美诗）、"齐来向耶和华歌唱"（汉语四声部赞美诗）、"基督降临"（民族风格汉苗双语单声部赞美诗）；少年主日学歌舞表演汉语赞美诗"是主爱让我们像高山连起来"、"神爱中国"、"同一个地球"、"生命的河"；儿童主日学歌舞表演汉语赞美诗"一切歌颂赞美"、"生命的河"；唱诗班献唱苗文四声部赞美诗《颂主圣歌》第 178 首、"靠主宝血全得胜"（苗语四声部赞美诗）、苗文四声部赞美诗《颂主圣歌》第 50 首、苗族风格单声部赞美诗两首（苗语）。大花苗的四声部合唱并没有受过系统训练，但每个人的美声发音却出奇地整齐合一达到多人一声的音效，并自然地使用真假声换声点切换，听起来除了一些咬字的方言口音之外声音通透轻松而悦耳浓厚，这种唱法在中国少数民族中十分罕见，在前文提及的傈僳族四声部赞美诗合唱中也未曾出现。

第三节　各类活动

一、新堂落成

（一）贵州省牛街教会新堂落成典礼

　　贵州省毕节地区威宁县牛街大花苗教会新堂落成典礼实况录像，由贵州省威宁县专职从事苗族摄影服务的王xx夫妇二人提供。2009年8月牛街教会举行新堂落成典礼，牛街教会的历史源于一百多年前。1905年柏格理创建石门坎教堂和学校，牛街、长海子等地的花苗信徒前往参加礼拜和接受文化学习，由于路途遥远交通不便，柏格理在长海子建立教会和学校，又在十年后的1915年于牛街建立教堂和学校，1938－1952年牛街的大花苗信徒一直在此聚会和学习。1986年教会陶牧师捐献一块土地建立了一所土木结构的教堂，使用两年后成为危房。1988年牛街信徒在柏格理选择的原址教堂处重建了一座石木结构教堂，二十年后这座结构简易的教堂成为危房，2008年5月花苗信徒和村民拆除了这所旧教堂，经过一年多的劳作后重建新堂。2009年8月牛街教会举行新堂落成典礼，杀鸡宰羊庆贺感恩。典礼当天，在教堂入口处，牛街教会唱诗班成员左右两排夹道站立，在手风琴的伴奏下拍手唱"迎宾歌"。大松教会的代表手捧"新堂落成　以马内利"的红色金边牌匾，带领教会信徒首先入场，接下来威宁及赫章县各地的大花苗、小花苗及彝族各教会的代表人员陆续入场。待来宾全部入场后，牛街教会唱诗班在教堂门口献唱汉语赞美诗"我们来到主的圣殿"，所有人员在教堂外的广场上站立参与典礼。唱诗完毕，主礼人代表祷告，全体低头闭目进行进堂前的祈祷仪式。祷告结束，教堂入口处的帘子被掀开，牛街教会唱诗班首先进入教堂，此时教堂大门关闭。第二支进入的队伍及唱诗班成员在教堂门口诵念诗篇表达"渴慕耶和华的居所"，献唱苗文赞美诗，在歌声中一位男性成员在教堂门口叩门三次，待堂外歌声停下来，教堂里面即有两位唱诗班姊妹回应诵念经文表达"叩门就给你们开门"，里面的唱诗班开始献唱一首苗文赞美诗。门外的唱诗班又一次开始叩门和献唱示意打开大门，门内的唱诗班再次回应，在歌声中大门缓缓打开，门外的人员鱼贯进入。在合一的歌声中，所有的唱诗班成员走上教堂献唱了赞美感恩以及奉献内容的五首汉苗双语赞美诗，在第三首的歌声响起时，站在最后一排的诗班男队员以及所有信徒，排队走向讲台正中的奉献箱奉献钱款，由于来宾很多，伴随着持续的歌声奉献礼进行了半个多小时。进堂式及奉献礼举行完毕后，大家回到堂外举行开堂庆祝典礼，程序如下：

全体唱汉语赞美诗"我今来到主的圣殿"

代表祷告

镇政府书记发言

县基督教两会牧师发言

乡派出所所长发言

主持人讲解牛街教会历史

诗歌赞美会开始，由于献唱诗班众多，教堂内外同时进行表演，教堂外的部分表演如下：

牛街教会大花苗唱诗班献唱四声部汉语赞美诗"欢迎歌"、"主的恩典说不尽"（成员身穿黑西服、一台手风琴伴奏）

主持人带领全体唱汉语赞美诗"我的神我要敬拜你"（清唱）

凉水井大花苗教会唱诗班献唱赞美诗"欢喜欢喜真欢喜"（苗汉双语、单声部苗族风格）、"教会是神的家"（汉语、单声部）、"生命的歌"（苗语、四声部）（成员身穿大花苗服装、一台手风琴伴奏）

城关教会唱诗班献唱汉语赞美诗"我们要敬拜耶和华"（清唱拍手）、"中华圣殿"（清唱）、"这殿后来的荣耀必大过先前的荣耀"（四声部清唱，成员身穿白色红领唱诗袍）

某大花苗教会唱诗班献唱四声部汉语赞美诗三首（成员身穿大花苗服装、清唱）

大花苗儿童表演手语歌舞（成员身穿大花苗服装、清唱）

某大花苗教会唱诗班献唱四声部汉语赞美诗"教会自立歌"、"圣殿是神的家"、亨德尔"哈利路亚"（成员身穿大花苗服装、一台手风琴伴奏）

某大花苗教会唱诗班献唱四声部汉语赞美诗"赞美荣耀"、"万物都当起来赞美耶和华"、"世界不是我们的家"（成员身穿大花苗服装、一台手风琴伴奏）

某大花苗教会唱诗班献唱单声部汉语赞美诗"新堂落成歌"、"教会是我的家"（电子琴伴奏）

四十五户大花苗教会女生独唱、诗班歌舞表演"人的生命只有一次"、"自我认识了慈爱的主"（成员身穿大花苗服装、电子琴伴奏）

二塘大花苗教会唱诗班献唱四声部汉语赞美诗"一生赞美主"、"要传福音"（成员身穿大花苗服装、一台手风琴伴奏）、手语歌舞表演"这一生最美的祝福"（成员身穿大花苗服装、播放"赞美之泉"音乐CD）、迪斯科舞蹈表演两首（成员身穿黑西服白衬衫牛仔裤，播放韩语流行赞美诗音乐CD）

某花苗教会唱诗班朗诵和献唱汉语赞美诗"要传福音"、"十字架的路"（成员身穿大花苗服装、清唱）

清水大花苗教会唱诗班献唱四声部汉语赞美诗"歌唱耶和华以诺"、"耶稣人类的希望"、"主爱永相连"、"荣耀归主"（电子琴伴奏）

云南大花苗教会唱诗班献唱汉语赞美诗"教会是神的家"、"赞美耶和华"（成员身穿大花苗服装、一台手风琴伴奏）

论和大花苗教会唱诗班献唱四声部苗语赞美诗"中华教会"等两首（成员身穿大花苗服装、一台手风琴伴奏）

田坎大花苗教会唱诗班献唱四声部苗语赞美诗"来到神的圣殿"等两首、汉语赞美诗"教会是神的家"（成员身穿大花苗服装、两台手风琴伴奏）

双河大花苗教会唱诗班献唱四声部汉语赞美诗"赞美圣天父"（成员身穿大花苗服装、一台手风琴伴奏）、手语歌舞表演（电子伴奏）

片路河大花苗教会唱诗班献唱四声部汉语赞美诗"中华教会复兴"（成员身穿大花苗服装、一台手风琴伴奏）、手语歌舞表演"世界有你会更美好"、"来向主歌唱"（电子伴奏）、男女声二重唱"主赐我的所有恩典"（清唱）、四声部苗语赞美诗（手风琴伴奏）、儿童主日学歌舞表演

牛街大花苗信徒献唱四声部汉语赞美诗"福音堂之歌"等两首

（成员身穿大花苗服装、一台手风琴伴奏）

牛街教会儿童主日学手语歌舞表演两首（拍手清唱）

教堂内的部分表演如下：

云南药历山大花苗教会献唱汉语赞美诗"来吧，让我们登耶和华的山"、"主创造未来"、"神的殿永称为圣"（成员身穿大花苗服装、一台手风琴伴奏）

平原大花苗教会献唱汉语赞美诗"教会是神的家"、"这里有神的同在"（成员身穿大花苗服装、清唱）

牛街教会马街彝族教会分会唱诗班献唱汉语赞美诗"走进新圣殿"、"唱一首新的诗歌"、"荣耀归耶和华"（成员身穿彝族服装、清唱）

铧口寨小花苗教会唱诗班献唱苗语赞美诗一首、表演手语歌舞一首（成员身穿小花苗服装、拍手清唱）

抱都大花苗教会唱诗班献唱汉语赞美诗"神啊，我们在你的殿中"、"兴起吧教会"（成员身穿大花苗服装、一台手风琴伴奏）

小河边花苗教会唱诗班献唱汉语四声部赞美诗"荣耀的殿"、"献上感恩的祭"、亨德尔"哈利路亚"（成员身穿大花苗服装、一台手风琴伴奏）

某大花苗教会唱诗班献唱汉语赞美诗"主圣殿"、"衷心赞美主"（成员身穿大花苗服装、一台电子琴伴奏）

长海大花苗教会唱诗班献唱汉语四声部赞美诗"建造神的圣殿"、"荣耀颂"、"爱的箴言"（成员身穿大花苗服装，外套黑西服、一台手风琴伴奏）

天桥大花苗教会唱诗班献唱汉语四声部赞美诗"这殿的荣耀"、"荣耀归耶和华"、"这殿后来的荣耀必大过先前的荣耀"（成员身穿大花苗服装、一台手风琴伴奏）

妈拉冲大花苗教会唱诗班献唱"这殿后来的荣耀必大过先前的荣耀"、"凯旋歌"、"和平诵"（成员身穿大花苗服装、一台手风琴伴奏）

牛街教会大花苗唱诗班献唱汉语四声部赞美诗"欢喜欢喜真欢喜"、"我们欢喜快乐进入你的殿中"、"这殿后来的荣耀必大过

先前的荣耀"、"主的恩典"（成员身穿大花苗服装，外套黑西服、一台手风琴伴奏）

牛街大花苗教会信徒献唱四声部汉语赞美诗"神的恩典"等两首（成员身穿大花苗服装，外套黑西服、一台手风琴伴奏）

牛街教会大花苗唱诗班献唱汉语四声部赞美诗"迎宾曲"、"欢喜真欢喜"（苗族音乐风格）、"圣殿是神的家"（成员身穿大花苗服装，一台手风琴伴奏）

切冲教会大花苗唱诗班献唱汉语四声部赞美诗"欢喜圣殿二次重建"、"赞美使我喜乐"、"走进恩典时代"（成员身穿大花苗服装，一台手风琴伴奏）

新房教会大花苗唱诗班献唱汉语四声部赞美诗"中华圣殿"、"我们来建造主神圣殿"、"耶和华的殿使我真欢喜"（成员身穿大花苗服装，一台手风琴伴奏）

某大花苗唱诗班献唱汉语四声部赞美诗"新屋落成感恩歌"、"所罗门之歌"、"来到圣殿中"（成员身穿大花苗服装，一台手风琴伴奏）

三营大花苗教会献唱汉语四声部赞美诗"这殿后来的荣耀必大过先前的荣耀"、"这里有神的圣灵"（成员身穿大花苗服装，清唱）

诗歌赞美会结束之后，教会招待全体来宾吃饭，饭后人们陆续离去。牛街教会唱诗班成员站在教堂门口和田野坡上，向每位成员握手挽留，为大家挥手唱送别歌，很多人都哭泣起来。牛街教会这场盛大的新堂落成典礼在一天持续不断的歌声中落下帷幕，而教堂的地址正坐落在机场附近，从教堂一眼望去面对的正是机场宽阔的停机坪，在人们繁忙而热闹的庆典歌声中起起落落的飞机带走和载回了一群群回乡和离家的过客。

（二）云南银矿菁福音堂新堂落成典礼

云南省楚雄州禄丰县龙潭大花苗教会银矿菁村福音堂新堂落成典礼实况录像，由云南省楚雄州大花苗传道人潘 xx 提供。2011 年 3 月 6－8 日银矿菁村福音堂举行新堂落成典礼，6 日早晨参加典礼的各村信徒骑着摩托车或坐着面包车或步行来到银矿菁村。在教堂的门口，迎宾信徒盛装男女两排夹道站立，在手风琴的伴奏下拍手用汉苗双语高唱"欢迎歌"，在歌声中英歌哨教会唱诗班首先进入教堂，堂内的唱诗班便接着堂外的歌声唱起来，待人员全部进入，大家男左女右站立着，歌声停止，教会带领人祷告。随后辣子菁教会唱诗班、慢坡教会唱诗班等以及各村的信徒陆续到来，欢迎仪式随着来宾的到来再次循环开始，当所有人员到齐时，全体站立闭目听候教会带领人代表祷告。晚上的礼拜仪式在教堂外小广场举行，程序如下：

主礼人讲话（苗语）

全体唱苗文《颂主圣歌》（电子琴伴奏）

龙潭教会唱诗班献唱四声部汉语赞美诗"相聚在主爱里"、"教会是神的家"、"荣耀的殿"（电子琴伴奏）

茂龙教会唱诗班献唱四声部汉语赞美诗"归来吧、耶稣仍爱你"、"各各他的爱"、"荣耀的殿"（电子琴和手风琴伴奏）

主礼人讲话

慢坡教会唱诗班献唱四声部汉语赞美诗"颂赞主耶稣尊贵名"、苗语四声部赞美诗（手风琴伴奏）

儿童主日学手语歌舞表演（清唱）

英歌哨教会唱诗班献唱四声部汉语赞美诗"赞美的祭"、"神的殿永称为圣"、"教会是神的家"（苗语）（手风琴和电子琴伴奏）

禄丰县培训班学员献唱单声部汉语赞美诗"我们受神爱激励"、"心爱的圣殿"（手风琴伴奏）

辣子菁教会唱诗班献唱四声部汉语赞美诗"荣耀的殿"、"建造神的殿"、"我要向山举目"（电子琴和手风琴伴奏）

主礼人讲话

全体唱汉语赞美诗"教会根基歌"（手风琴伴奏）

第二天一早，在"欢迎歌"的歌声中，又迎来了大德教会的信徒，下午正式的献堂仪式开始，程序如下：

全体在教堂外广场站立唱苗文《颂主圣歌》（手风琴伴奏）

银矿菁教会唱诗班在教堂门口献唱四声部苗语赞美诗、单声部汉语赞美诗"神对我说"（手风琴伴奏）

唱诗班及全体人员陆续进入教堂（由于人数众多，教堂内无法容纳，信徒进堂一圈又走出来在教堂外广场聚会）

教堂内唱诗班站立两排唱四声部汉语赞美诗"唱哈利路亚神的

恩典"、"教会是神的家"迎宾入内（手风琴伴奏）

待进堂仪式结束，全体人员走出堂外举行典礼

银矿菁教会唱诗班献唱四声部苗语赞美诗两首（手风琴伴奏）

主礼人代表祷告（汉语）

长老代表祷告（苗语）

全体站立唱苗文《颂主圣歌》"三一圣哉歌"（两台手风琴和电子琴伴奏）

全体坐唱苗文《颂主圣歌》（两台手风琴和电子琴伴奏）

慢坡教会唱诗班献唱四声部苗文赞美诗两首（手风琴伴奏）

大德教会唱诗班献唱四声部苗文赞美诗两首、四声部汉语赞美诗"耶和华要兴起"（手风琴伴奏）

茂龙教会唱诗班献唱四声部汉语赞美诗"圣殿建成"、"齐来颂赞主"（手风琴伴奏）

英歌哨教会唱诗班献唱四声汉语赞美诗"建造神的殿"、"中华圣堂"（手风琴伴奏）

辣子菁教会唱诗班献唱四声部汉语赞美诗"赞美耶和华"、"这荣耀归给他"（电子琴和两台手风琴伴奏）

银矿菁村信徒献唱四声部汉语赞美诗"我们登耶和华的山"、四声部苗语赞美诗一首（电子琴伴奏）

长老讲道（苗语）

教会赠送礼物，代表讲话

诗篇第150篇朗读（汉语）

各信徒献唱汉语赞美诗"有一位神"、"把冷漠变成爱"等六首（两把吉他、电子琴伴奏）

禄丰县培训班男女生手语舞蹈表演四首（播放音乐带伴奏）

大德唱诗班献唱四声部汉语赞美诗"主啊，我真爱你"、"荣耀的殿"、四声部苗语赞美诗（手风琴伴奏）

青年团契代表讲话（汉语）

全体唱汉语赞美诗"这是耶和华所定的日子"

苗族六人传福音小组分享（汉语）

龙潭教会唱诗班献唱四声部汉语赞美诗"因爱耶和华的人"、

"再相会歌"（电子琴伴奏）

　　主礼人讲话（苗语）

　　花苗女信徒见证分享（苗语）

　　全体同声祷告（背景音乐"这一生最美的祝福"）

　　长老代表祷告

　　第三天早上举行了早礼拜，结束后各教会人员陆续离去，持续三天的银矿菁教会新堂落成典礼结束。

二、百年庆典

　　位于贵州省赫章县的葛布教会始建于 1904 年，由内地会牧师党居仁和葛布大花苗信徒张保罗创办，教堂位于葛布村苗寨，是云贵地区大花苗基督教的发祥地之一，也是基督教内地会组织在黔西北少数民族地区的核心发展区域。该区域以葛布教会为中心，联接附近的纳雍、六枝、威宁、云南昭通等地的苗族，形成了一个完整的教会体系。葛布教会在建会之初发展迅速，但衰落也较快，与柏格理创建的石门坎教会形成了不太相同的发展模式。如今，葛布教会依旧是黔西北大花苗基督教的核心教区，进入稳步发展的新阶段。2004 和 2009 年，距今已一百余年的葛布教会举办了盛大的 100 周年和 105 周年庆，教会的罗长老为笔者提供了当时的实况录像。2004 年 8 月 13—15 日贵州省赫章县葛布教会举行 100 周年庆典，并在内部出版发行了《基督教葛布教会百年史 1904—2004》和苗汉双语《救恩歌——献给基督教葛布教会一百周年》共辑 200 首赞美诗的油印本，因经费问题该赞美诗集于 6 年后在昆明修订出版印刷成册，更名为《葛布教会百年灵歌选集（1904—2004）》，共辑 312 首苗文赞美诗。

　　2004 年 8 月 13 日的早晨，葛布教堂外的广场和田间站满了来自云贵各地、全国以及海外盛装的大小花苗、彝族和汉族信徒、教会代表以及前来观礼的乡民，县政协、人大、民宗局、派出所和基督教两会等部门都派出代表参加，共计三万人。教堂外小轿车、卡车、拖拉机、警车、吉普车、面包车和摩托车停放在田间空处，高音喇叭在不停地播放汉语赞美诗。庆典开始之前，教会义工手持喇叭用苗语和贵州土话维持现场秩序。大花苗唱诗班站在道路两侧，在手风琴的伴奏下夹道拍手唱了数首"欢迎歌"迎接来宾入场，堂内容纳不下的信徒全部站在田间山坡处参加礼拜，13 日上午的庆典部分程序如下：

葛布教会大花苗主礼人发言

全体站立唱汉语赞美诗"中华教会自立歌"（手风琴伴奏）

长老代表祷告（全体坐）

葛布教会陶长老发言

葛布教会百人唱诗班朗诵、献唱四声部苗语赞美诗"中华教会自立歌"以及"恩典年岁"、亨德尔"哈利路亚"等三首汉语四声部赞美诗（两台手风琴和一架电脚踏风琴伴奏）

葛布教会简历介绍

派出所领导发言

基督教两会牧师发言

民宗局领导发言

县委县政府领导发言

葛布教会长老发言

全体站立唱汉语赞美诗"礼拜散时歌"（手风琴伴奏）

葛布教会陶长老祝福祈祷

领导来宾鱼贯出场（唱诗班夹道站立两旁在手风琴的伴奏下唱歌送宾）

葛布教会唱诗班在广场外唱三首苗语赞美诗（手风琴伴奏）

13 日晚间举行晚礼拜，部分信徒参加，程序如下：

葛布教会百人唱诗班献唱汉语赞美诗"欢迎歌"、"奇妙的耶稣"（手风琴伴奏）

代表祷告

长老讲道

全体唱汉语赞美诗两首（拍手晃身，气氛热烈，人们纷纷站起来高歌，无伴奏）

14 日白天举行葛布教会一百周年庆典赞美会，教堂门口已经挂起了蓝色条幅，话筒调音台等设备准备就绪，很多观看的乡民手拿双喇叭收录机录音，赞美会的部分程序如下：

一对男女大花苗主持人致词

葛布教会百人唱诗班苗语赞美诗"感恩颂"、"教会真实歌"

（电脚踏风琴伴奏）

野物厂支会大花苗唱诗班献唱四声部汉语赞美诗"压伤的芦苇"、"赞美他的话"、"众城门啊，抬起头来"（电脚踏风琴伴奏）

某教会大花苗唱诗班献唱四声部汉语赞美诗两首（三台手风琴伴奏）

云南省彝良大花苗教会唱诗班献唱四声部汉语赞美诗两首、歌舞表演一首（一台手风琴伴奏）

美国来宾电吉他和长笛伴奏英文民谣歌唱

汉族牧师讲道

某教会大花苗唱诗班献唱四声部汉语赞美诗一首、歌舞表演两首（一台手风琴伴奏）

牛街教会唱诗班献唱四声部汉语赞美诗两首（全体着深色西服）

云南省彝良大花苗教会女生三重唱"快来信耶稣"等三首民族风格赞美诗（一台手风琴伴奏）

某教会大花苗唱诗班献唱四声部汉语赞美诗亨德尔"哈利路亚"等两首（一台手风琴伴奏）

葛布教会历史福音剧表演（附旁白讲解）

某小花苗教会唱诗班献唱民族风格的苗语赞美诗两首（拍手清唱）

花苗信徒苗族风格独唱和儿童苗语赞美诗歌舞表演两首（无伴奏）

儿童大花苗唱诗班献唱四声部汉语赞美诗"奇妙的耶稣"（无伴奏）

14 日晚间举行晚礼拜，部分程序如下：

祷告

全体唱赞美诗

两位美国来宾分享（英语翻译）

两位美国来宾清唱赞美诗"AMAZING GRACE"

全体起立拍手唱汉语赞美诗"爱使我们相聚在一起"（手风琴

伴奏）

　　汉族牧师讲道分享

　　全体起立拍手唱汉语赞美诗"诗篇150篇"（手风琴伴奏）

　　15日全天再次举行早晚礼拜，随着葛布教会总会百周年庆典拉开序幕，接下来的几年里，教区分堂兴隆厂教会、大松教会、鱼鳅湾教会和新炉房教会先后举办了百年庆典活动。2005年循道会牧师柏格理创建的石门坎教会举行百年庆典，全国各地和海内外信徒以及石门坎学校及分校的师生、校友参加了这一隆重的盛典。

三、其他

　　大花苗教会的各类活动多种多样，除了三大节日和规模较大的新堂落成典礼和百年庆典之外，还有建堂周年纪念、改革开放纪念、音乐布道会、祈祷会、赞美会、青年感恩、新年感恩、唱诗班培训以及司琴（电子琴和手风琴）培训等各式内容的活动，每一次的聚会都是乡间的盛宴和歌唱的海洋，这些都充沛了大花苗年复一年的信仰生活日历。以下例举两类有代表性的活动：云南省富民县苗族教会圣职按立仪式和苗文圣经出版发行仪式，实况录像由云南楚雄州大花苗传道人潘xx提供。

　　2009年云南省昆明市富民县苗族教会举行礼拜长和执事圣职按立仪式，教牧同工、诗班成员和信徒等近一千人参加。首先在县教会小礼拜堂举行圣职按立人员培训班开班感恩礼拜，程序如下：

　　全体唱汉语《新编赞美诗》29首

　　代表祷告

　　大花苗龙牧师讲道

　　全体唱汉语《新编赞美诗》145首

　　四位领导讲话

　　基督教两会牧师讲道

　　祝福祷告

　　圣职按立仪式在富民县基督教会大礼拜堂举行，程序如下：

　　全体唱《新编赞美诗》"一生奉献歌"

　　汉族教会唱诗班献唱单声部汉语赞美诗一首（全体穿白色唱诗袍）

　　　　大花苗教会唱诗班献唱四声部汉语赞美诗两首（手风琴伴奏）

　　　　青年团契歌舞表演（手风琴伴奏）

　　　　读经

　　　　牧师讲道

　　　　向大花苗圣职按立者问答

　　　　圣职按立者献唱四声汉语赞美诗"一切全献上"、"跟随耶稣"（手风琴伴奏）

　　　　每一位受按立者上台跪下，三位长老和牧师覆手在其头顶为其祷告按立圣职

　　　　全体唱汉语赞美诗

　　　　祝福祷告

　　礼拜长和执事圣职都是教会的核心骨干人员，礼拜长负责礼拜带领唱诗和唱诗班培训事宜，执事负责教会各类杂项事务，被按立人员都是在教会长期服侍担任义工并获得信徒认可后才可以获得这一圣职。

　　2009 年 9 月 5 日云南省苗文圣经出版发行仪式，苗文圣经的重译是苗族教会历史上的重大事件，并为苗文的改进、发展和普及起到积极的作用。云南省苗文圣经重译工作始于 1990 年 6 月，成立翻译委员会和审阅小组，1998 年苗文圣经翻译工作会议在昆明召开，主要研究苗文文字的使用和继续翻译等问题。2001－2009 年修订《旧约圣经》，2006－2008 年修订《新约圣经》，在全国基督教两会、云南省基督教两会、联合圣经公会以及海内外教会和团体、全县市地区苗族教会信徒财力和物力的支持下，苗文圣经于 2009 年出版发行。圣经翻译组也特别提及此次工作的不足之处是词语的错误，以及仅借鉴昆明和楚雄地区的口音而难以顾及贵州及云南昭通地区的口音等问题。发行仪式在大菁基督教会举行，程序如下：

　　　　唱诗班在教堂门口两排夹道站立唱"欢迎歌"迎宾（苗语，手风琴伴奏）

　　　　教堂内唱诗班献唱四声部苗文赞美诗

　　　　工作人员在拆分成摞的苗文圣经

　　　　全体站立唱汉语赞美诗

　　　　大菁大花苗教会唱诗班献唱四声部苗文赞美诗三首（电子琴伴奏）

辣子菁大花苗教会唱诗班献唱四声部苗文赞美诗三首（手风琴伴奏）

男声合唱团献唱四声部苗文《颂主圣歌》两首、汉语赞美诗"同路人"（手风琴伴奏）

主礼人发言

基督教两会领导发言

全体唱苗文《颂主圣歌》和《新编赞美诗》

龙传道讲道

联合大花苗教会唱诗班献唱四声部苗文赞美诗三首（电子琴伴奏）

禄劝大花苗教会唱诗班献唱四声部苗文赞美诗三首（手风琴伴奏）

慢坡大花苗教会唱诗班献唱四声部苗文赞美诗三首（手风琴伴奏）

发行圣经仪式

小新庄大花苗教会唱诗班献唱四声部苗文赞美诗三首（手风琴伴奏）

辣子菁大花苗教会唱诗班献唱四声部苗文赞美诗三首（手风琴伴奏）

联合大花苗教会唱诗班献唱四声部苗文赞美诗三首（电子琴伴奏）

富民大花苗教会唱诗班献唱四声部苗文赞美诗两首（电子琴和手风琴伴奏）

祝福祷告

四、婚礼

1905 年 12 月 11 日，柏格理在日记中记录了他所经历的一场花苗传统婚礼：

我们今日行 80 里，到达一个苗族人正在举行婚礼的寨子。我们住进一幢木建筑房屋，它是由大约八英寸厚的木料建成，通风和采光性能都很好。这里到了大概二百位苗族和诺苏客人。妇女和姑娘们兴高采烈地穿戴着艳丽的服装和特意准备的头饰。在寨子里，由两个高支架架起来的一根杆子上，挂着许多开剥好的羊和猪。这些是为了宴会之用，而每一位客人都预期会带来一蒲式耳的包谷。村寨呈现出一幅生机勃勃的场景。一道壕沟里燃烧着巨大的木柴火，上面则横着几口为这伙人备餐的大铁锅。晚上，就在我们的棚屋外面，两位汉子开始表演苗家的芦笙和舞蹈。其他人随之加进去，音乐会成为七人的演奏和跳舞。虽然音乐并不协调，但是人们却非常喜欢它。和威士忌相似的酒类的饮用，是这些人在这种场合的例行程序。当我们在那里时，他们把它藏在了稻草下面。一般遇到这种机会，他们大多在婚礼之前就要饮酒，并在音乐和舞蹈的激发下，进行原始的狂欢。我们看到新娘和新郎都坦然自若。他们实际上已经结婚三年之久。而这次，只是在公众庆典。（柏格理等 2002：715-716）

　　一百多年以来大花苗的婚礼虽没有发生巨大变化，但时代的变迁已潜移默化地嵌入苗家人的传统习俗中。云南省楚雄州的大花苗传道人潘xx为笔者提供了2006年农历10月15日云南省昭通市永善县茂林村大花苗传统婚礼的一场实况录像：清晨的山区，举办婚礼的人家用高音大喇叭播放着流行歌曲，用鞭炮迎接前来参礼的盛装同乡，人们用竹篓背着礼物或手拿牌匾三三两两地来到一间土木结构的房屋周围。女人们聚在门口说笑嬉闹，男人们在屋内抽烟聊天，墙上挂满了代表喜庆的红布条。不多时，一支由十人男子组成的芦笙队开始边吹边跳，每只芦笙上都系着红布条，旁边一支十人女子舞蹈队伴随着芦笙起舞。队伍走到一片空地处，两位老者在两位芦笙手的伴奏下演唱古歌，并来回转圈舞蹈向土地敬献烟酒，剩下的芦笙队成员在另一边进行男女对唱苗语婚俗歌曲。传统节目表演完毕，女子舞蹈队在大喇叭播放的流行民歌音乐下跳了两曲集体舞。接下来各来宾唱歌尽兴，首先是穿西服的两位男子手牵手清唱苗族传统歌曲，一位身穿花苗传统服装的男子接着独唱，另一支大花苗女子舞蹈队随后又表演了民歌舞蹈，在三位大花苗男子清唱歌曲之后，一支大花苗男子舞蹈队边唱边跳民歌舞蹈，然后他们清唱了三首流行歌曲，在各村各来宾接下来的独唱齐唱和民歌舞蹈表演之后，婚礼的表演盛况结束，来宾们开始上桌吃上婚礼的流水宴席。

　　大花苗教徒的婚礼与传统形式有很大的区别，芦笙歌舞和酒水不再出现，敬烟却较为流行，但社会上的流行音乐鲜见，西方的宗教仪式在乡村和县城地区的大花苗婚礼上有不同程度的体现。以下例举两例实况录像，一是云南省宣威市盐水村大花苗教徒的婚礼，一是贵州省威宁县大花苗的教堂婚礼，资料由贵州省威宁县专职从事花苗摄影服务的王xx夫妇二人提供。

云南省宣威市盐水村大花苗信徒王xx的婚礼特别邀请专人摄像留念，该光盘在片头以身穿花苗盛装的新人手拉手的日常生活情景制作花絮，配上流行情歌作为背景音乐，并在婚礼仪式开始之前配以流行赞美诗音乐表明新人的信徒身份。婚礼前的准备阶段，是男女老幼在一间房屋里穿戴大花苗的盛装，主人家为来宾泡茶敬烟发喜糖，不多时大家准备开始聚会举行一个简短的祈祷仪式，主礼人手拿苗文《颂主圣歌》带领全体唱赞美诗，接着用苗语代表祷告，此时屋外人们络绎不绝地到来，来宾们带着用竹篓盛着的肉菜米面等各样礼物，一位男士手杵拐杖身背和他本人一样高的竹篓，上面绑着风干的半扇猪，看着颇为壮观。迎宾队伍男左女右夹道站立，拍手唱赞美诗欢迎来宾，主人家帮忙卸下每位背着的竹篓并收下礼物，迎宾队伍的尽头是一张桌子，需要送礼金的来宾会前去登记。待宾客来得差不多时，早饭开始，人们围成多个小桌，唱苗语赞美诗并进行谢饭祷告，然后开始吃饭，每桌都有十多个菜肴十分丰富。傍晚十分迎宾队伍再次站在门口，拍手常客唱"欢迎歌"，此时头戴红花身穿黑西服的伴娘站在迎宾队伍里唱歌。当天的晚宴是婚礼的重头戏，每桌都有鸡鸭鱼肉，在人们唱诗和谢饭祷告之后晚饭开始，吃完饭开始晚礼拜。主礼人带领大家唱苗文《颂主圣歌》，然后全体用苗语同声齐祷，全体再唱赞美诗，接着唱诗班献唱两首诗歌，之后有三四位弟兄站起来简短分享之后带领大家唱苗语和汉语的赞美诗共六首，一位弟兄接着简短分享，大家再唱赞美诗回应，在同声祈祷之后晚礼拜结束。第二天早饭开始前，由十个人组成的小唱诗班包括身穿红西服红色花苗百褶裙头戴红花的新娘在内为大家献唱汉语赞美诗，此时早饭已盛在屋外的大锅内，人们轮流上前吃饭，另一支男生小唱诗班在旁边开始唱苗文《颂主圣歌》，而一些男士在旁边忙着为新娘换上刚刚拆封的白衬衫、新球鞋和全新的男士花苗盛装。待新郎穿戴完毕，盛装的新娘也来到身边，两人站在一起，与大家一起唱歌，两对伴郎和伴郎轮流上前为新人胸前别上两朵红花，此时主人家为帮买新衣服的同乡发了一袋熟鸡蛋。简单的婚礼仪式开始，首先是主持人用苗语新婚致辞，接着唱诗班献唱三首苗语赞美诗和一首汉语赞美诗（包括新娘在内），唱至最后一首时，新人抱着自己的婴儿同时进入唱诗班献唱。这种风俗并非基督教传统，而是遵循了苗家人的传统婚俗，即先同居生活有了孩子再举行婚礼，但如今大多数的大花苗信徒已遵守教规，即举行婚礼后才能同居生活。吃过午饭，在屋外一场小型的礼拜仪式再次开始，主礼人带领大家唱苗文《颂主圣歌》三首。第三天原先的来宾已经离去，新的客人到来，与前两天相同的迎宾仪式和丰盛的饭食再次重复。中午时分，新人抱着孩子站在屋外中间，盛装的花苗长者再次为二人别上红花。接着主日学的孩子们表进行赞美诗手语歌舞表演三首，两支来自不同村落的唱诗班各献唱赞美诗三首，吃过晚饭持续三天的婚礼结束。

贵州省威宁县大花苗信徒龙xx的婚礼是一场遵循西式教堂传统的基督教婚礼，与上文描述的婚礼完全不同。婚礼当日清晨，新人在父母和两位花苗小花童的带领下，身穿花苗盛装的新娘手捧鲜花，身边陪伴着 7 位花苗盛装的伴娘，后随花苗盛装和汉装的男士十余人。这个队伍在一辆布满鲜花彩球的轿车开道引领下，经过县城大道缓缓走向教堂，引来众人一路围观。此时教堂门口，在一架电子琴的伴奏下，身穿花苗盛装和白色唱诗袍胸别红花的唱诗班迎宾队夹道站立拍手唱"欢迎歌"。教堂内用红色气球编了一个进入的拱形门，教堂正中放置一大捧百合和玫瑰，男女嘉宾们分别入座。不多时，唱诗班坐在长凳最前排唱汉语赞美诗进行祝福，唱诗完毕，全体起立，唱诗班上台站立，牧师主礼婚礼开始。在婚礼进行曲的音乐声中，两位小花童撒着玫瑰花瓣出现，新娘已换上白色婚纱手挽着父亲走入教堂，随后新郎身着西装在伴郎的陪同下入席。在身穿黑色礼袍红色披带的牧师主持致词之后，唱诗班献唱"婚礼进行曲"。接着，牧师对新郎和新娘先后询问致词，二人回答誓愿。牧师读经并简单分享圣经中的婚姻原则和道理后，唱诗班献唱"荣耀归天父"。接下来牧师带领新人交换戒指，并一句一句教新人念宣誓词，交换完毕，牧师为二人覆手在圣经上为其祝福祈祷宣布二人结为夫妇。新人接下来向双方父母致谢献花，双方父母代表上台向来宾致谢讲话，牧师宣布礼成，大家上台轮流合影，唱诗班持续献唱赞美诗。婚礼仪式结束后，中午在酒店举行婚宴，身穿西服的新郎和红色连衣裙的新娘轮流向每桌敬酒，身穿大花苗盛装的伴郎和伴娘在新人左右帮忙服侍。吃过午饭，部分来宾进入教堂进行聚会，大家一起唱赞美诗，听新人家属见证分享和牧师讲道，在全体祈祷之后婚礼结束。

第七章 傈僳族与大花苗基督教音乐文化的比较研究

第一节 傈僳族与大花苗的记谱法与演唱法

基督教赞美诗初入中国时使用的是传教士带来的五线谱英文版本[10]，随着传教的需要，赞美诗记谱法出现了不同形式的版本：1）符号五线谱，1872年美国女传教士狄就烈（Mateer, Julia Brown 1837-1898）初版了音乐教科书《（西国）乐法启蒙》，后多次再版增补重印名《圣诗谱》，书中使用的符号五线谱源于美国19世纪初期流行的针对大众人群的简易五线谱改良学习法，初为四音记谱法后发展为七音记谱法，即用菱形、三角形、圆形等符号代表固定音高，被称为"艾金记谱法"。2）工尺谱，天主教和基督教传教士都曾使用中国传统的工尺谱记录民歌或编译赞美诗，基督教英国浸礼会传教士李提摩太夫妇编纂刊印的《小诗谱》，是一部工尺谱体系的乐理和视唱教材。3）sol-fa谱，由英国人柯温发明，亦称嗖发谱或字母谱，即用七声音阶唱名各音的开头字母表示该音，首调唱名法，清末民初中国出版了数本用sol-fa谱记谱的四部和声赞美诗。4）少数民族的变体字母谱，即英籍牧师柏格理创制的坡拉苗文字母谱体系，并影响到彝文和傈僳文等多种少数民族文字及赞美诗记谱法的翻译。5）少数民族的改良简谱，由英籍牧师富能仁倡导使用，流传于云南的傈僳族、怒族、佤族和拉祜族等少数民族教会中。

10此处不讨论天主教圣歌谱本的四线谱、五线谱及简谱等相关的记谱法内容。

在很多传教士的回忆录中记载，教汉族民众学唱赞美诗的难处多是节拍、和声和识谱等西方音乐的基础问题。传教士训练的演唱法多是美声及合唱训练法，这成为中国历史上出现和发展西方合唱音乐最重要的源头之一。汉民族学习美声和西方合唱，无论是在社会上还是在教堂里，至今仍处于学习和模仿阶段，少数民族的大花苗和傈僳族基督教会却带来了令人意外的文化结合。大花苗信徒的美声唱法和合唱音质如同在血液里生存一般，一百多年来祖祖辈辈继承着正宗浓厚的西方音乐传统却又不失本族特色；傈僳族已然将四部合唱的美声唱法传统彻底转变为本民族的原生态唱法，诠释出傈僳族文化中的西方音乐传统，是一种迥异而令人震撼的声响。

一、记谱法

变体字母谱类的坡拉苗文字母谱体系，是英籍传教士柏格理等人用为花苗创建的坡拉苗文记录的音乐乐谱，这种独特的苗文字母谱影响到滇中地区的苗族、黑彝以及傈僳族等多个少数民族的音乐谱式。杨民康在《云南少数民族基督教仪式音乐研究》一书中，将苗文记谱法与西方梭发（sol-fa）记谱法进行比较，得出前者是受后者启发创制并有可能受到李提摩太夫人改造工尺谱这类事例的启发。（杨民康 2008：137-140）这个结论无疑是正确的，笔者在此特别证实的是苗文记谱法不仅是受 sol-fa 记谱法启发创制之类的推测，而是 sol-fa 记谱法未经改造的苗文字版，换句话说，即是柏格理等人将西方 sol-fa 谱完全未经变动，只是将拉丁字母改成了他们创制的苗文字母而已。在下文举例说明之前，首先了解 sol-fa 谱的相关内容。

Sol-fa 谱是一种源于英国的首调唱名法视唱和记谱体系，有其独特和简便的记录方式，其音符的基本用法如下：

大小调各音：d r m f s l t

#升半音：de re fe se le

b 降半音：ra ma sa la ta

高八度：d' r' m' f' s' l' t'（或在每音上方加横杠）

低八度：d, r, m, f, s, l, t, （或在每音下方加横杠）

双点"："将各拍分开

单点"."一拍分为两个半拍

逗号","半拍分为两个 1/4 拍

水平衡线"—"该音符保持时值

短小节线"｜"将一小节分为两半

空白处　休止

19 世纪末 20 世纪初，西方传教士曾编纂出版了数本 sol-fa 谱的汉文赞美诗集。在 1934 年汉文版《颂主圣歌》sol-fa 谱版中，刊印有 sol-fa 谱的详细使用说明"〈用发音集者注意〉"，并适当与中国音乐的传统进行对比：

　　创制这本颂主圣歌的发音集之意义　是要我们容易学习这本圣歌的音调　以颂赞主的恩名　但是无人教授　亦难知道其中歌调的法则　虽有这本圣歌　仍然不能歌唱　深觉憾事　故特将这本发音集的音符及符号解释明白　使诸位兄弟姊妹等注意以下的解释　熟识志别　就是无师教授　也能自唱　自能拊琴的了

　　（甲）音　凡为学习歌唱者　必有发音之具　如人有喉音　琴有琴音　乐有乐音　音为歌调之主必有一定之名词　亦有一定之规则　这本发音集对于能拊琴者　及能吹号吹笛者　都可通用

　　（乙）音名　歌调之中的声音　有高的　有低的为数甚多　然其基础　只有七音号的名词　如下 d（多）r（雷）m（米）f（法）s（所）l（拉）t（替）　这就是基础音　以此七音反覆重用　高于基础音者　名曰高部音　低于基础音者　名曰低部音　如下表

　　（丙）音阶　凡诗歌的音调　其基础音只有七个音号　其名词已详明　而此七音乃循顺音号而进退　名曰音阶　此音阶本于音名亦是当然分为三级　以小直线作为符号　加在音号之旁为区别高部音的符号　以小直线加在音号之右上旁　如

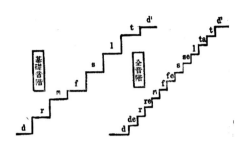

（丁）音拍　中乐有板眼　西乐有音拍　以定音调之长短时间如钟摆之一来一往　为之一拍

1. 每一音调分成若干段

　　｜　一段　｜　一段　｜　一段　｜

2. 每一段分成若干相等的拍数

（一）｜d :d ｜m :m ｜s :s ｜m :m ｜

二拍的调　即强弱间隔之　长直线（｜）后第一音为强音　复点（：）后之音为弱音　看颂主圣歌第七二首

（二）｜d :t₁ ｜d :m ｜s :s ｜m :r ｜d :d ｜d :d ｜

四拍子的调　即凑合两个强弱间隔更迭式之拍子为四拍子　而二强音中之第一音（即长直线之后）　较第二音（即短直线之后）为强　看颂主圣歌第六首

（三）｜d :m :m ｜e :m :m ｜d' :s :s ｜m :d :d ｜

三拍子　即凑合三拍　而第一拍为强音　看颂主圣歌第七五首

（四）｜d :d :d ｜s :s :s ｜s₁ :s₁ :s₁ ｜d :d :d ｜

六拍子　长线后之音为最强音　短线后之音为次强音　复点后之音为弱音　九拍子的调　十二拍子的调　亦然　看颂主圣歌第六八　第二三六　第二零一首

若音拍之中有一个单点（.）该拍要分两半

如 ｜d .r :m .r ｜m .s :f .m ｜

若半拍之中有,为符号　该半拍又分为两半

如 ｜d ,d.r ,r :m ,m.r ,r ｜m ,m.s ,s :f ,f .m ,m ｜

若以.,为符号　这个符号前的音号是一拍的四分之三　付好后的音号是一拍的四分之一

如 |m.,r :d.,t₁|d　:l₁　|

若以 ' 为符号　该音拍要分三分

如 :m,r,d|s　:s　:f,s,l|s　:s

若一拍之中有横线　前拍之音要延长一拍　若两拍或三四拍有

线　要延长两拍或三四拍

如 |d :—|r :—|m　:—|— :r |d :—|— :—|

若半拍符号之前有横线　这线前之音要延长半拍

如 |d :-.r|m :-.r|d :— |— :— |

若 ., 之前有横线　这线前之音要延长四分之三

如 :s₁.,s₁|d　:-.,s₁:d.,r|m　:—|

若一拍或半拍之中无音号或延长之线　这就是息声不唱的符号

如 |m.m:　|m.m:　|

若两三个音号下有一横线

如 :d |m :f　:r |d.r:m　:r |d :—
　　　我 |每　思 |想　十 |架

这为连合线　以数音唱一字之咏用　若一音号之上有 ⌢ 为符

号　该音要延长

（戊）主音　发音集的音调　有 C（key C）、Db（key Db）、D
（key D）、Eb、E、F、Gb、G、Ab、A、Bb，数调　各调的主音就
是各调的 d 音　C 调的 d 音号亦名中央 C　因在风琴之键盘上　发
此音之键子　适为在琴之中央

C 調的音階

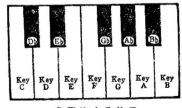

各調的主音位置

这篇〈用发音集者注意〉的序文说明基本将 sol-fa 谱的用法全部讲解详尽，下面将受 sol-fa 谱影响创制的 sol-fa 记谱法、坡拉苗文记谱法和简谱记谱法的基本音符记录进行一个对比参照，可以看出三种谱式之间的关联，以揭示苗文记谱法与 sol-fa 记谱法的渊源：

sol-fa 记谱法：　　d　r　m　f　s　l　td

坡拉苗文记谱法：Ⱶ ꓴ ꓛ Ꮁ S L t Ⱶ'

简谱记谱法：　　1　2　3　4　5　6　7　i

sol-fa 记谱法：　s, l, t,　　d r m f s l t　　d' r' m'

坡拉苗文记谱法：S, L, t,　Ⱶ ꓴ ꓛ Ꮁ S L t　Ⱶ' ꓴ' ꓛ'

简谱记谱法：　　5̣ 6̣ 7̣　1 2 3 4 5 6 7　i̇ 2̇ 3̇

sol-fa 记谱法：　de　re　fe　se　le

坡拉苗文记谱法：Ⱶ' ꓴ'　Ꮁ' S' L'

简谱记谱法：　　#1 #2　#4 #5 #6

sol-fa 记谱法：　ra　ma　sa　la　ta

坡拉苗文记谱法：ꓴ' ꓛ'　S' L' t'

简谱记谱法：　　b2　b3　b5　b6　b7

傈僳族改良简谱系统是英籍牧师富能仁等人在云南怒江傈僳族以及思茅、临沧等地的拉祜族、佤族等多民族中使用的音乐谱式，傈僳文赞美诗的歌词是富氏等人创制的拉丁文倒置的拼音文字体系傈僳文，歌谱是根据简谱改良的谱式，傈僳语称赞美诗为"Wat Ku Mo Gw"，直译"祷告调"。改良简谱的主要特点在于节奏的改变，即将每音的时值均拉长一倍，取消短时值音符，最小音符时值变为四分音符，如此改良的目的是为了让信徒们容易掌握。傈僳族改良简谱的具体方式如下：

傈僳简谱唱名：体　尼　三　利　旺　求　史（傈僳语数字的汉字音译）

（简谱唱名：　dol　re　mi　fa　sol　la　si）

高八度：1' 2' 3' 4' 5' 6' 7'（源于 sol-fa 谱）

低八度：1, 2, 3, 4, 5, 6, 7,（源于 sol-fa 谱）

休止符（.）

一拍（—）

1/2 拍（-）

附点音符＝简谱

全音符 1-1-1-1-＝（简谱）1---

二分音符 1-1-＝（简谱）1-

四分音符 1-＝（简谱）1

八分音符 1＝（简谱）**1**

十六分音符被取消

　　可以看出，傈僳族改良简谱是结合了简谱和 sol-fa 谱两种谱式的特征改良而成的。傈僳文是依靠学校和教堂这一对孪生子的紧密配合而传承的，学校教授傈僳文，教堂学习的教材就是傈僳文圣经和傈僳文赞美诗。富氏创制的改良简谱配合上简单易学的傈僳文组合成的四声部赞美诗，是傈僳青年男女最喜爱的艺术。傈僳人称四部合唱为一、二、三、四音，一音（女高声部）由青年女性担任，二音（女低声部）由中老年女性担任，三音（男高声部）由青年男性担任，四音（男低声部）由中老年男性担任。

　　无论是大花苗的坡拉苗文字母谱还是傈僳族的改良简谱，都受到 sol-fa 记谱法的影响，而坡拉苗文字母谱直接就是 sol-fa 谱的异国文化产物，此处例举四声部赞美诗"快乐日"（O happy day, that fixes my choice）五线谱、简谱、sol-fa 谱、苗文谱、傈僳文谱等五种谱例进行记谱法的对比研究。这首赞美诗的歌词是英国独立教派牧师多德里奇 1735 年为《历代志下》15:15 经文讲道所配写的圣诗，原题为"我们与神立约的欢乐"；歌谱曲调名为"快乐日"，由英国音乐家和管风琴家 E. F. Rinbault（里姆鲍特，1816－1876）于 1867 年谱写，他为原诗谱曲，并续写副歌及编配和声。这首赞美诗广泛流行，用于基督教的洗礼、坚振礼、布道会及音乐会等各类礼仪场合。

　　谱例 7-1 赞美诗"快乐日"中文五线谱版，选自 1895 年《颂主诗歌》第 223 首，日本横滨制纸分社印，中国国家图书馆缩微胶片。原谱为 3/2 拍。

谱例 7-1：赞美诗"快乐日"中文五线谱版

第二百二十三首　领受洗礼　二百二十六

第二百二十三首　快樂日　柏譯

（一）
前有一日我意立定
那日蒙福何大何盛
我願傳揚到處得聽
信靠耶穌救我魂靈
快樂日　快樂日
耶穌洗淨我全罪孽
教我在世儆醒祈求
度此一生歡樂自由
快樂日　快樂日
耶穌洗淨我全罪孽

（二）
耶穌本常滿得我愛
明立此願在他堂內
我今泰獻全心全身
合堂耳聞大有歡欣

（三）
我爲主民主爲我主
主旨引領盡用恩語
終身隨從樂田其聲
我便隨從樂田其聲

（四）
昔時我心勞分不一
福分更爲長久喜賈
今專服主大事今已竟成
上天之樂充滿胸間

（五）
我至臨終棠主恩容
天主現聞我立之願
後必日開此願日新
升入天堂與主永親

谱例 7-2，赞美诗"快乐日"sol-fa 谱版，选自 1895 年《颂主诗歌谱——音乐嗖法》第 223 首，日本横滨制纸分社印，中国国家图书馆缩微胶片。

谱例 7-2：赞美诗"快乐日"sol-fa 谱版

谱例 7-3 赞美诗"快乐日"苗文版，选自 2010 年《苗文颂主圣歌》第 144 首，云南省基督教三自爱国委员会及云南省基督教协会出版。

谱例 7-3：赞美诗"快乐日"苗文版

对照谱例 7-2 和 7-3 可以看出，首调唱名法的 sol-fa 谱和苗文谱除了记谱唱名是拉丁字母和苗文字母的区分之外，节拍、节奏、高低音、小节线、分隔符号等完全一致，由此可以定论柏格理创制的苗文记谱法即是 sol-fa 谱的苗文版而已。这两份谱例的节拍已经比原先的 3/2 拍速度快了一倍是 3/4 拍。

谱例 7-4a（左），赞美诗"快乐日"简谱版，选自 2005 年《颂主圣歌——苗版译汉》第 144 首，内部资料；谱例 7-4b（右），2009 年《赞美诗·新编》（四声部简谱本）第 159 首，贵州省基督教协会出版。

谱例 7-4a：　　　　　　　　　　　　谱例 7-4b：

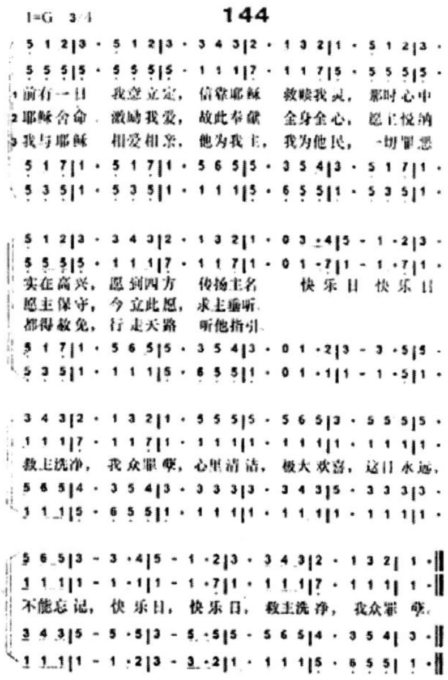

赞美诗"快乐日"简谱版　　　　　　赞美诗"快乐日"四声部简谱本

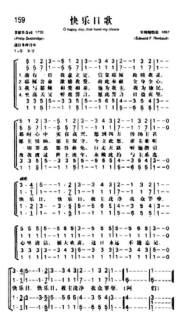

谱例 7-5，赞美诗"快乐日"傈僳文版，选自 2005 年傈僳文赞美诗第 95 首，云南省基督教三自爱国委员会及云南省基督教协会印。

谱例 7-5：赞美诗"快乐日"傈僳文版

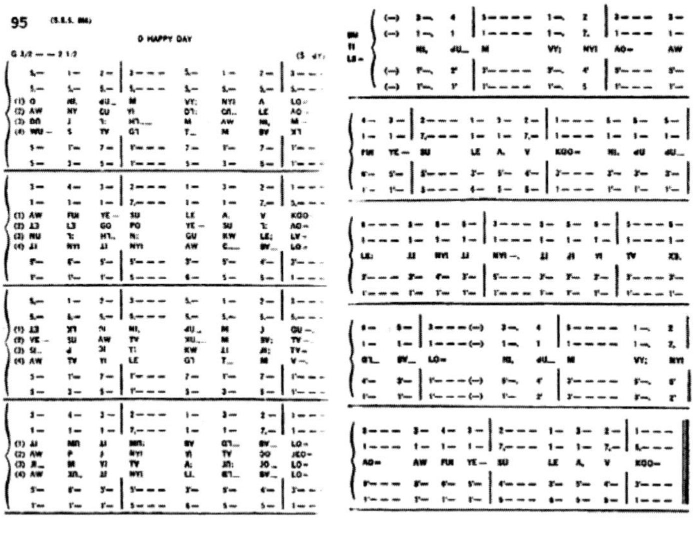

二、演唱法

　　傈僳族和大花苗唱诗班演绎赞美诗的唱法完全不同，欧美四部和声赞美诗是以美声唱法为基础的合唱，流传至大花苗族群便承袭了这种传统的美声合唱发声法，流传至傈僳族群却演绎为原生态唱法（即民族民间唱法）的合唱发声法。这两个信仰基督教的族群基本上都放弃了本民族传统民歌的继承，但大花苗的合唱纯然是欧美传统的美声音色，傈僳族虽承袭了四部和声的技巧但依然保留本民族的发声方法。两个民族在基本类似的传教背景和宗教发展情况下，发展出风格截然不同却水平较高的四部合唱音乐，这个现象引人注意。

　　大花苗唱诗班的美声合唱采用胸腹式联合呼吸法使声音有支点，发声的喉头位置状态良好，腔体打开状态较佳，音色圆润通透，声部和谐平衡，气息控制较为自如，真假声混融，上下声区统一，男女高声部掌握面罩共鸣的技巧，能获得很漂亮的声音高位置，无论苗语或汉语咬字发音的位置均靠后，因此汉字的演唱并不清晰。此类专业术语的评价，鲜有大花苗本族人能够明白。这些从未受过专业美声训练的信徒们依靠的是一代代来源于父辈的模仿和毕生宗教文化的浸淫，因而延续了西方传教士最初传给他们的声音。云南和贵州的大花苗在美声唱法的演绎上略有差异，在田野调查中，笔者发现云南大花苗唱诗班的美声唱法较贵州的更为突出和浓郁，具体体现在演唱时口腔腔体的开立状态更明显，声音的柱状感更圆润、更大而空，音色的平衡感更强，高中低音区的音色更为统一，通俗地说云南大花苗的美声更为洋范儿。贵州大花苗的一些唱诗班在歌唱部分曲目时介于美声和自然声混合的状态，在歌唱苗语诗歌时进一步倾向于自然声状态，但这与苗族传统的民歌演唱又存在很大差异，这种现象在云南大花苗的唱诗班却亦然鲜见。在调查中发现，大花苗唱诗班无论是使用美声、自然声或是两种混合状态的演唱法，实际都处于一种天然流露的状态，并非刻意区分某种演唱法。绝大部分的唱诗班成员并不知道自己的声音属于声乐领域中的何种唱法界定，但却无一例外地选择高位置、大共鸣、深气息的声音和浓厚的美声音色审美倾向，并避免紧、尖而亮的发声方法，这也使得大花苗的合唱音色和谐统一。最突出的一点是，与城市学院派美声训练的合唱不同，大花苗的美声合唱音色十分自然，并非教室内刻意训练的后天成果，而是天然的声音状态，演唱的声音弊病较少，使听者感到舒适和优美。

　　傈僳族唱诗班无一例外的使用原生态演唱法演绎四声部赞美诗合唱，让每一位听众感受到纯粹而震撼的声响组合，虽然西方传教士教授的都是美声唱法，但傈僳人却选择保留了自己本原的声音来演绎西方的宗教音乐，这与大花苗唱诗班的美声合唱形成了截然不同的两种效果。傈僳人的原生态唱法发声位置靠前，上下声区统一为真声，头声位置点高，音色高昂脆亮，无换声点痕迹，在合唱中男女高声部尤其喜欢亮出漂亮的高音和刚强的低音，声音透亮有力，四声部音色统一，高音尖脆、低音厚重，类似享誉世界的保加利亚女声民歌多声部合唱团的音色和风格，带给笔者的直观感受是这种声音犹如一把立体雕刻的锋利剑柄穿透教堂的顶部徘徊与深山峡谷之中。傈僳族传统民歌中有一种以纵向支声部发展为主的多声部无伴奏合唱"摆时"，不过这与四声部赞美诗合唱是完全不同的音乐传统，部分发表的文章曾认定二者之间有借鉴或参考，但这两种合唱在曲式结构、演唱风格、歌曲内容和演唱方式上没有任何的重合点，也谈不上互相参考，唯一共同之处是两者都使用的原生态发声法，但在四声部赞美诗合唱中傈僳人依然抛弃了傈僳民歌传统中最有特色的韵腔和抖喉颤音风格，即只是使用自然声演唱赞美诗而不具备任何傈僳传统音乐的风格，信教之人不过传统节日和不唱民歌等教规和传统，也使得这两种合唱音乐之间从来都是独立发展而毫无关联的。

　　为什么大花苗会抛弃原有的自然声选择完全模仿西方的美声，而傈僳族却非如此？笔者采访了很多苗人，他们也无法说清楚原因。但从文化的角度观察，笔者发现苗人好模仿并积极地学习外来文化是基于一个摆脱本族低位地下的心态，如今的苗人基本上都使用汉字学习汉文化喜唱汉语赞美诗，而苗文的传承就成了当务之急的事情。花苗教师朱明富告诉笔者，花苗的学习精神很强领悟力高，最初的美声唱法一听就会模仿得还很像，只要认为好的苗人都学习过来，另外苗语的发音可能也与美声发音有着相通之处。傈僳人一开始掌握傈僳文之后就从未将其遗落，地域的生态环境和闭塞的交通使得族人不便也无法与外界交流，至今傈僳族教会中极少演唱汉语赞美诗，即便演唱也是将其翻译成傈僳文，这与大花苗完全不同。如果说大花苗的美声四声部赞美诗合唱通透、和谐而空灵，傈僳族的原生态四声部赞美诗合唱就如同人类本真的纯粹声响——原始震撼而刺骨合一，两个民族的演绎均是基督教音乐在中国本土化发展的最经典和高水平的文化代表。

第二节　傈僳族与大花苗的音乐作品与表演形式

一、正统音乐作品－四声部赞美诗

"赞美诗"（英 Hymn；拉 Hymnus）一词尚不清楚具体在何时翻译成中文，在华四百年左右的天主教和在华二百年左右的基督教，在圣经文本、音乐及神学典籍的中文翻译名称上有很多不同，造成了诸多内容的混淆，因此该词的中译并不能通用于现今的中国基督宗教各教会。为辨析说明，可以把"赞美诗"一词分为广义和狭义。广义的赞美诗，指的是基督宗教进行宗教活动时咏唱颂赞上帝（神）的诗歌，包括天主教的单声部拉丁文圣歌（格里高利圣咏）、东正教的单声部圣歌以及基督教的圣歌。狭义的赞美诗，鉴于中国天主教会和东正教会极少使用"赞美诗"一词，这里单指基督教正统派别的传统圣诗歌，主要有两大类多声部复音合唱曲：路德改教后的众赞歌——早期的众赞歌由路德派音乐家沃尔特编创，后期很多著名的作曲家如巴赫等都对中咱多做过复调音乐处理；英国赞美诗——圣公会的会众赞美诗，通俗易懂非常适合会众咏唱，现代英美赞美诗的历史始于 18 世纪瓦茨的圣诗和卫斯理的卫理公会赞美诗。对全球基督教来说，非常重要的赞美诗集有 *Hymns Ancient and Modern*（1861《古今赞美诗集》）、*The Yattendon Hymnal*（1899 布里奇版《亚滕当赞美诗集》）、*The English Hymnal*（1906《英语赞美诗集》）以及 *Songs of Praise*（1925《赞美之歌》）等。还有一类被统称为"福音诗歌"的赞美诗，源于 19 世纪初的美国教会，此类歌曲类似福音大觉醒运动时帐篷聚会的灵歌，旋律通俗易记，和声和节奏简单，通常都有副歌。

> "福音诗歌"一词由菲利普斯订定……许多人尝试为"福音诗歌"下一个合适的定义，可以和传统的圣诗有所区别……我们也可以说，福音诗歌是一种音乐形式……"福音诗歌"一词，已经很清楚地告诉我们这类诗歌的特色。"福音"乃是指诗歌的主要内容，是基本的福音：罪、恩典、救赎及人的经历等；大多数的福音诗歌，可以称为"见证诗歌"。"诗歌"则告诉我们，这类诗歌的风格和世俗歌曲相似，也与他的前身，即帐篷聚会的"福音诗歌"大同小异。大致而言，辅音诗歌的歌词比圣诗浅显，没有太多深奥的神学思想或令人深省的词句；歌词多有重复，而且一定有副歌。其音乐

的旋律简单，和声无变化，节奏和当时的流行歌曲或进行曲一样活泼和轻快。（赫士德 2002：267-270）

福音诗歌发展于 19 世纪中叶—20 世纪中叶的美国教会，基于福音奋兴运动的大型福音布道会在英美的兴盛潮流，大量的福音诗歌随着一大批著名布道家如穆迪和桑基等的出现被创造出来，而歌曲内容多着重福音本身和信徒的信仰经历等，歌词特别能反映当时的社会情况。第二次世界大战之后，一些比福音诗歌更短的短歌开始流行起来。中国的基督教赞美诗集大多是由上述的现代英美赞美诗集、福音诗歌以及短歌等多种英文诗歌本选摘翻译编纂而成，翻译成中文并被各差会重新编纂的诗歌本有：马礼逊的《养心神诗》、宾为霖的方言赞美诗集如《潮腔神诗》、《榕腔神诗》、《厦腔神诗》等，华北公理会的《颂主诗歌》、华北长老会的《赞神圣诗》、圣教书局的《颂主圣诗》、福州教会的《颂主圣诗》、王载的《复兴布道诗》、浸礼会的《新颂主诗集》、内地会的《颂主圣歌》、信义宗的《颂主圣诗》、基督徒聚会处的《小群诗歌》、安息日会的《颂赞诗歌》、上海福音书房出版《诗章颂词灵歌集》、王明道的《基督徒诗歌》、赵紫宸为燕京大学基督教团契编译的《团契圣歌集》、上海伯特利会堂的《伯特利诗歌》、圣公会的《颂主圣诗》、使徒信道会的《救恩颂赞得胜歌》以及《颂主欣歌》、《赞美诗》、《诗歌》、《诗歌》增订本等，具体种类和书目难以统计。

大花苗和傈僳族所使用的老版《颂主圣歌》赞美诗集，最主要的参考是中国内地会出版的汉语版《颂主圣歌》，王神荫主教在 1950 年《基督教丛刊》第 26 期〈中国赞美诗发展概述〉（上）一文中，简介了这本歌集。

在 1895 年便有了一本内地会的圣诗出版，希望为全国内地会通用的诗歌。但 1901 年山西的内地会也出了一本唱诗，内有席胜魔牧师的创作诗若干首……1921 年全国内地会的《颂主圣歌》，扩充了 1895 年的版本，先有文字版，翌年出版了一本五线谱，只有谱而没有文字，以后 10 年在各处内地会通用，销路相当的广，达到 15 万册的巨额。1934 年出版了一本带有文字的五线谱，在上海出版，乐谱由 Garver 先生主编，同时也出版了简谱，不是用阿拉伯数字，而是用英文字母来代替音的高低。在这本《颂主圣歌》里共有圣诗 400首，按总目分为 50 类，最后的 50 首为杂诗及经文短歌，集中并有国人创造的圣诗 28 首（其中有若干首上述席胜魔的作品），都是很适合乡间或奋兴会上用的灵歌，……用于乡村布道很为适宜，且很有动力。所用的谱子也是中国调，在内颂里称之为"中国"（CHINA）。

1939 年内地会又将该诗集增加了 50 首，其中所选的有好几首是从《普天颂赞》选出来的。诗集之末还有附编，多是经文启应，最后且有《使徒信经》、《总认罪文》、《总谢文》与《祝福文》，为公众礼拜时应用。1940 年又将这些增添出了一本增补的琴谱。

（http://blog.sina.com.cn/s/blog_b13ce6ab0101ebgr.html）

该本赞美诗集不仅有传统四声部赞美诗，还有短歌和本土创作的诗歌等，并从其他的中文赞美诗歌本中进行选摘，歌曲来源多样而混杂。1934 年版《颂主圣歌》共有 400 首，该诗集的序文叙述了赞美诗的作用和目的是称颂主恩的一种佳美资料，并引经据典加以说明，对信徒起到良好的教导作用。

谱例 7-6：1934 年《颂主圣歌》sol-fa 谱版

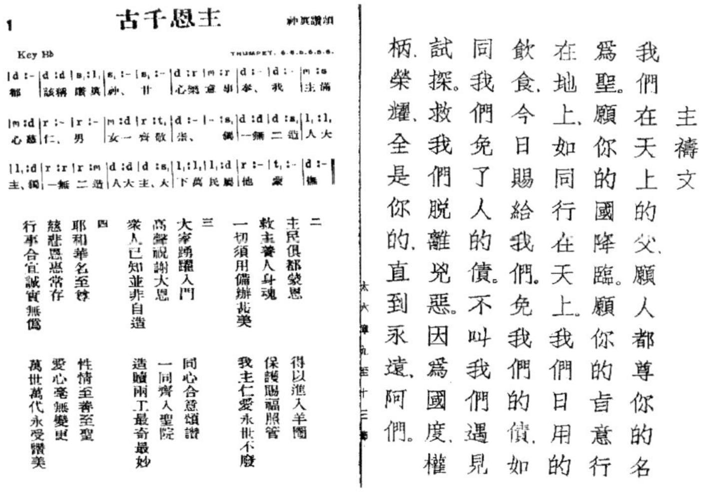

汉文版《颂主圣歌》的主体内容是四声部赞美诗，并选有多种来源的本地化圣歌和赞美诗等。同样，苗文版和傈僳文版《颂主圣歌》在一开始编纂的过程中，就秉持内地会深入本地文化的一贯特色，以选辑欧美传统四声部赞美诗为主的基础上，收录了很多当地信徒自创以及用民族特色曲调编配的圣歌、赞美诗和灵歌等，但歌曲主体仍是现代英美四声部赞美诗。

图片 7-1、7-2：1934 年《颂主圣歌》文字版

（来源：孔夫子旧书网）

图片 7-1、7-2 为 1934 年《颂主圣歌》文字版。图片 7-3、7-4 苗文《颂主圣歌》旧版，初印于 1919 年，再版于 1930 年，用老苗文标注《颂主圣歌》，用英文注明 HWA MIAO（花苗）、PSALMS of DAVID（大卫的诗篇）。该书合订了 1933－1934 年增订出版的赞美诗集 100 首和中文版"婚丧公礼"教规，以及中文版《颂主圣歌》的文字版本。

图片 7-3、7-4：老版苗文《颂主圣歌》

（孙晨荟摄）

现代新版的苗文《颂主圣歌》是以 1949 年版为基础进行编纂的，此版源于 1946 年驻葛布澳大利亚籍牧师罗伟德和教会的长老、传道和教师重译修订的《颂主圣歌》，定稿后的版本新增 62 首，其中花苗黄石板教会杨马可传道

作曲第 4、117、225、227 首第二调共四首曲谱，第四首具有苗族音乐特色，由擅长风琴的美籍牧师刘谷森牧师师母记谱并带到上海请马革顺教授整理谱拍。另有第 172、214、215 三首赞美诗由英文直译成苗文，定稿的诗歌本中四声部赞美诗均由葛布圣经学校师生咏唱校正，1949 年在昆明内地会印刷厂印刷出版 10000 册，由云南洒普山教会和贵州葛布教会分发至各地。20 世纪 60 年代苗文《颂主圣歌》几乎全数上交烧毁，至 70、80 年代信徒自行刻印，后正式出版。图片 7-5、7-6 苗文《颂主圣歌》新版，由于使用过度频繁，该书的首尾页含出版年代页脱落，用笔记本硬壳包装，附有信徒手抄的诗歌。该书约为 20 世纪 8、90 年代出版，用苗文、英文和汉文注明大花苗 TA HWA MIAO 的赞美诗集 HYMN BOOK，时间为 1949－1985。该书应是三中全会宗教政策落实之后出版的首部苗文赞美诗集，共有 275 首，补充旧版本一百首左右。书末附有新、旧苗文、国际音标对照表。

图片 7-5、7-6：新版苗文《颂主圣歌》

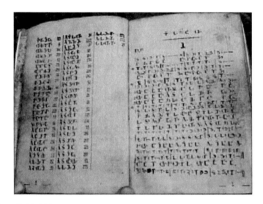

（孙晨荟摄）

傈僳文《颂主圣歌》最早由杨思慧等主持编辑，共有 290 首，至 20 世纪 80 年代怒江州宗教部门重订时增至 319 首，使用的是富氏改良简谱版本。在第四章，笔者已说明该本傈僳文赞美诗选自多本英文赞美诗集选曲，传教士的改编曲目以及不少傈僳族信徒的创作，1994 年重订时从全国基督教两会编订的汉文赞美诗中选译了 50 首，最后修订成现今通行的新版傈僳文《颂主圣歌》。[11]（图片 7-7、谱例 7-7）

---

11 关于傈僳文赞美诗的更多种类和使用概况，可参杨民康 2008：145-149。

图片 7-7、谱例 7-7：2005 年简谱版傈僳文《颂主圣歌》

（孙晨荟供稿）

滇中地区流行的东傈僳文（即坡拉苗文体系）版的《颂主圣歌》在 20 世纪 90 年代再次出版，内有赞美诗 293 首，这本诗集并不流行于以傈僳族为主的怒江州地区。（图片 7-10、谱例 7-8）

图片 7-10、谱例 7-8：1992 年东傈僳文版《颂主圣歌》

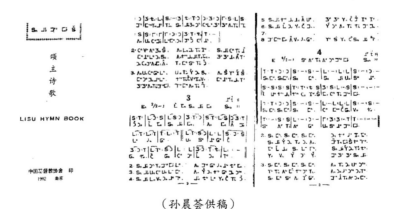

（孙晨荟供稿）

二、其他音乐作品－灵歌和自创诗歌

关于灵歌（spiritual songs）的定性和发展，本前文已作基本阐述。灵歌一词出现的文本依据，源于圣经新约保罗书信中提到的崇拜音乐——诗章、颂词和灵歌三种形态中的一种，如《以弗所书》5：19 和《歌罗西书》3：16 等。圣经中的灵歌究竟是何种音乐形式？音乐史学家 Egon Wellesz 揣摩为"哈利路亚诗歌，以及其他旋律华美的欢呼或狂喜的诗歌。"以及布鲁斯认为"由

圣灵感动而自然发出的赞美。"（赫士德 2002：171）灵歌是教会音乐两千多
年发展史中最受争议的一种音乐形式：

> "灵歌"则比较难以解释，但藉着音乐学者研究其他中东文
> 化，以及初期基督徒教会中类似的音乐形式，可以帮助我们对灵歌
> 的了解。希腊文"灵歌"一字，是 odaes pneumaticaes，意思为"空
> 气的颂诗"（pneuma 这个字有"呼吸"及"灵魂"的意思，故可能
> 是指"呼吸之歌"）。所以有些人猜测，灵歌是人们灵里欢乐，所唱
> 出没有歌词，或者只有"哈利路亚"一词 的曲调。另外，五旬节派
> 和灵恩派的信徒，主张灵歌是一种自发性、狂喜的、含舌音的歌
> 唱，这种唱法至今仍然存在。威兹提到在基督徒教刚开始的时候，
> 舌音在近东一带是很普遍的，之后也出现在天主教弥撒中的
> "jubilus"，那是当唱到"哈利路亚"时，接着有一段根据最后一
> 个音节的即兴装饰乐段；之后才念福音书。圣奥古斯丁认为：这种
> 诗歌是在是一种无词的狂喜之歌……表达满腔的喜乐……。一个人
> 在极端狂喜，用尽为人所了解的字眼之后，无词的喜乐之歌自然流
> 露出来，因为那狂喜，往往无法用言语形容。（赫士德 2002：173）

这段引文指出，早期的灵歌是一种类似"哈利路亚"花唱形式的格里高
利圣咏歌曲，或者是无词的即兴流露歌曲，也许是用中东游牧民族擅长的尖
锐舌音来表达狂喜，这是一种极度个人化的自由情感表达。但随着两千多年
的教会发展史中，灵歌发展出了不同于原始形态的高级音乐形式，其巅峰
期是 18 19 世纪美英福音第二次大觉醒运动中兴起的黑人灵歌和白人灵歌，
后来发展为黑人和白人福音音乐。黑人灵歌的起源是扎根于黑人为奴的悲惨
经历和非洲的根文化，早期的种植园歌曲就是例证，中国高师声乐教育的
曲目中翻译了一批此类歌曲。黑人灵歌的发展迸发于 19 世纪初美国南部声势
浩大的宗教复兴大觉醒运动，成千上万的男女老幼、黑人和白人在露天野外
搭起帐篷聚会，掀起一轮又一轮信仰的狂潮。黑人和白人开始在一起聚会唱
歌，但很快便分开聚集并发展出各自的形式。黑人们特有的非裔激情和对信
仰不羁的表达方式，为黑人聚会带来了极富特色的活力。他们的歌声是旷野
呐喊的唱法并延续非洲传统的一领众和，手脚并用拍掌踏地，用呼喊、滑音、
吼叫和呻吟在歌声中表达狂喜痛苦和盼望期待的情感。由黑人灵歌发展出的
黑人福音音乐在 19—20 世纪影响全美国，并演变出的流行音乐三大潮流：散

调 ragtime、蓝调 blues 和爵士乐 jazz。至 20 世纪黑人福音音乐发展出传统和世俗的两大潮流，对美国流行音乐的发展影响巨大。白人灵歌同样源于露天布道会的帐篷聚会歌曲，布道会的信仰奋兴方式使大量与会者出现圣灵感动如匍匐跪地悔改认罪的皈依行为，更有人表现出极端情绪化的举动如在地上打滚、吼叫、抽搐和手舞足蹈等，伴随着这种场面一种新风格的音乐形式出现，即形式简单可以反复多次歌唱的诗歌。当帐篷营会衰落之后，它的音乐形式却保留下来并在日后发扬光大，融合吸收了黑人灵歌、世俗音乐和专业音乐，成为 19 世纪末至 20 世纪最流行的一种宗教音乐演唱体裁风靡全美国。

灵歌这种新约中提到的音乐，除了在美国教会短短的一百多年历史中发展出高级丰富专业性且影响力巨大的形式之外，在其他地方基本都以一种原始性的歌唱或本土化和民间性的歌谣性质表现出来。中国教会的灵歌除了全国各地传道人和信徒零散的创作之外，在依附于本土灵恩派教会和乡土教会的发展上，主要产生于 20 世纪上半叶和 8－90 年代，如 20 世纪上半叶山东泰安的本土灵恩派教会耶稣家庭的诗歌集，用自行创作和大量的中国民间曲调配上通俗的词语向信徒宣讲本派的神学理念；以及 20 世纪 8－90 年代的迦南诗歌等（前文已述）。

花苗地区的灵歌随着花苗教会的建立初期就已出现，它于 20 世纪 30 年代在乌蒙山苗族教会发展起来，并兴盛于 20 世纪 50 年代，此时正是基督教第一波灵恩运动风靡全球并在中国兴起本土灵恩大复兴运动的时期，东北、山东以及贵州苗族地区的福音奋兴运动为代表。20 世纪 30 年代一代受过教育的花苗信徒投身于灵恩复兴运动中，在聚会时分享方言、智慧和灵歌，并自发性兴起唱诗热，当时贵州葛布教会四大教区的信徒人手一册四声部赞美诗和灵歌手抄本。灵歌的复兴掀起了信徒创作的热情，由于灵歌即兴随意的特殊性，信徒们一致认为这是由圣灵感化和上帝启示的结果。究竟灵歌是怎样被启示出来的？在贵州葛布教会四大教区之一的大松教会信徒张学文在本会九十周年庆时写下的一篇感恩感言文中[12]，有这样的回忆：

> 1936 年……之后，神从甘肃又派遣他的时代工人梁朋志来葛布
> 开奋兴聚会，主讲十字架的救恩，有一次他在讲台上讲耶稣基督在
> 十字架上钉死，使我们信他的人得救，顿时涌出"十架，十架，染

---

12 朱明富老师供稿。

血十架，我仿佛才看见……"启示出来，后来被收录进入颂主圣歌41 首，还有 102 首，从这以后，教会大得充沛的圣经知识充满。1948 年……重庆神学院的李既岸牧师来葛布……主讲"七步灵程"，听道的人和与会的四大区长老、传道、委办深受圣灵感化，启示灵歌的人更多了。杨马可先生得灵歌，把颂主圣歌 4 首的调、225 首的调启示出来，以后收录入颂主圣歌，马革顺教授确认为苗族圣歌调。此时，下面受感的信徒待后再言，而在职的传道、教师，则焕然一新。杨德光传道在大聚会时高唱《福中之福，永乐歌佳音》时圣灵大大感动听道者，马拉冲教会的王传道随即用一张白纸，蒙在杨德光的背上用手指划，便托出了这首诗的歌篇。葛布圣经学校的王正乾老师受感启示了《圣灵启示所罗门王》、《看哪，天国已近了》等灵歌。朱文德和李众崇联合启示《娶新妇的就是新郎》等，阿基根的罗绍荣得先知讲道的恩赐。李既岸牧师来葛布开大聚会，圣灵如同五旬节时一样落在与会听众身上，群情激动，都受感说语言。

花苗牧师杨志诚在《大松树基督教教会历史》[13]一文中，更加详细地描述了 1945 年的那次聚会中，圣灵是如何充满和感动众人的场景，此次聚会的主要内容是祈求上帝拯救当地因雨水而霉烂的荞麦庄稼地，这是苗人一年当中为数不多的口粮：

李牧师要讲道时，首先请全体会众闭目，他跪下大声祷告，求圣灵将神的爱，浇灌在这次来赴会的弟兄、姊妹心里……这一震天动地的祷告，深深地触动会众的心灵，激励会众跪下流泪祷告的生命力……第二天……光辉的太阳，温暖的阳光照晒在庄稼地……最后三天是主日讲道，圣灵降临，李牧师被圣灵充满，在讲台上伸出双手打拍子，边走边唱"主从坟墓里复活，天使世人齐唱歌"的歌时，圣灵的恩赐、方言、智慧、圣经灵歌如生命江河从各人腹中涌流出来……英文 abcd 都没有听见过的苗族王便雅悯弟兄站起来走来走去的说方言，有人问西人何牧师他讲什么？何牧师说："是方言，我不知道。"这时，汉话都说不清楚的农夫张亚伯站起来，翻成苗话给会众听。圣灵的恩赐真奇妙，东区小花苗长老张安德烈夫妻，

---

13 朱明富老师供稿。

一同唱起从未唱过的灵歌。（内部资料）

张坦在《"窄门"前的石门坎——基督教文化与川滇黔边苗族社会》一书中，就灵歌涉及到花苗教会的教派、神学和社会因素等诸多深层问题，于第十一章"普世"与"本色"中作了较透彻的解析。他例举了兴盛于20世纪50年代前后的苗族灵恩派的各类表现：灵歌、灵舞、方言、异梦、异象、异能、医病赶鬼等，并对灵歌和灵舞作了一些描述分析。

> "何谓灵歌"？，"灵歌"是与"人歌"相对立的一个名词，即灵魂的自然流露。歌者认为：在圣灵充满的时候，随口就能唱出来的"赞美诗"（灵恩派领袖人物陶 XX【赫章县苗族】语，作者按），就是"灵歌"。"灵歌"没有事先写好的词和曲，据笔者考察，主要用本民族的语言和本民族熟悉的山歌曲调演唱，这是人达到宗教迷狂境界后，"意识流"（stream of consciousness）的活动。正因为是迷狂境界的"作品"，绝大部分都是即兴"创作"，即时消失，未能流传下来。但是，其中一些被视为"好"的作品，也流传开来为其他信徒传唱。由于内地会一系"不立文字"的反文字态度，同样也由于内地会一系苗、彝民族教徒有文化的不多，很少见到有用文字记录下来的"灵歌"（有用录音形式记录下来的"灵歌"，一般都是卡里斯玛式宗教领袖的作品，由于其"神圣性"和神秘性，局外人不容易知道，而且后加工的痕迹也浓。作者按）。（张坦 1992：246）

张坦例举了两首他认为不一定是迷狂状态下的可能是经过后期加工的"灵歌"，他的判断是歌词内容句式整齐和条理化的内容就是"人歌"，这种推论对一定程度上符合灵歌的主要特征，但观点过于简单和狭隘。灵恩运动聚会最主要的特征是"受圣灵感动"的一系列不受拘束的"灵恩"宗教特异行为表现，受高等教育者或文盲都有可能表达，如说方言（指从未接触过的语言）、唱灵歌（即兴的、有感而发的歌曲）、跳灵舞（癫狂或激烈的舞蹈动作）、过灵气（可能产生身体抽搐或哭嚎狂笑等局外人看起来类似精神疾病的非正常表达行为）、异梦和异象（一种可能是在心理暗示下产生的想象景观，局外人可能会觉得类似幻觉和幻听）以及异能（主要是医病赶鬼，通过祷告突然获得能力可以医治疾病以及驱赶被鬼附身者身上的邪灵）等。这一系列与巫术迷信、甚至与精神异常行为极难划分的宗教行为成为教会复兴的双刃剑，它尤其吸引文化及生产力水平底下以及没有神学基础的乡村民众信徒，与看似消亡却根深蒂固的民间宗教之间有着相融合和替换的作用，一旦遇上宗教狂热分子和居心叵测之人，就会发展出本土的异端邪教。但"灵恩"的宗教启示或行为是宗教信仰发展必不可少的内容，它与理性的神学理论形成互助而制衡的平衡关系。

从上文叙述的灵歌发展历史来看，虽然灵歌的原始形态是自由的、没有太多文化痕迹的，但其后来发展的高级形式已贯通了深厚的文明积淀，但无论多么专业或高级，灵歌的特质一定是感性的音乐，遇到何种土壤就以何种方式表达。在中国教会，人们更习惯上把文化程度不高的乡村教会的福音民谣式歌曲认定为灵歌。2004 年大花苗葛布教会一百年庆典时，内部油印了一本《救恩歌》，共辑有流传在当地的苗文灵歌 200 首和汉文灵歌 162 首。2010年在该歌本的基础上在昆明出版了《葛布教会百年灵歌选集》，共辑有苗文灵歌 312 首。谱例 7-10 为这本灵歌集的第一首，谱例 7-11 为这首歌曲的汉语译本。

谱例 7-10：苗文灵歌"主要站在云彩中"

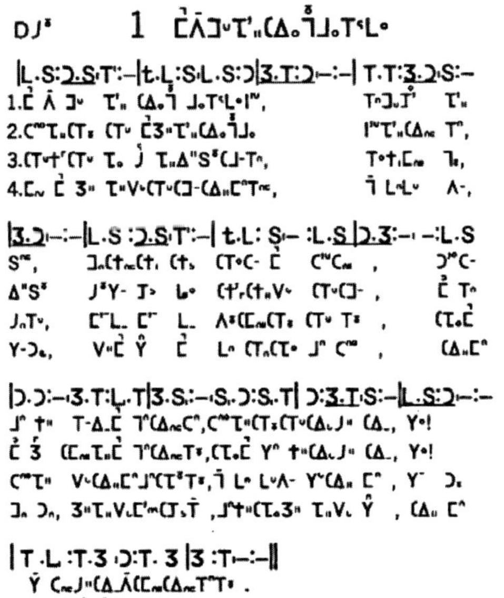

（《葛布教会百年灵歌选集》第 1 首）

谱例7-11：苗文灵歌"主要站在云彩中"汉语译本

1 主要站在云彩中

1=D　　4/4

6 5 3 5 i － | 7 6 5 6 5 3 | 2 1 3 － | 1 1 2 3 5 － | 2 3 3 － － |

1. 主是要　从　　云彩里出来喊，　　　　所有专　心　的，
2. 主坐在　空　　中的云彩　里，　　　　呼唤世界　四方，
3. 天使天　军　　站在四面拍手，　　　　迎接教　会　信徒，
4. 救主坐　在　　天家真的荣耀，　　　　哈利路　亚　阿门，

6 5 3 5 i － | 7 6 5 － 6 5 | 3 2 2 － 6 5 | 3 3 3 2 1 6 1 | 2 5 5 |

1. 预备忍　耐　　等待主　日子，　　　今天　我们　来到主的　面前，
2. 有大声　音　　响应到　天家，　　　弟兄　姊妹　来到主面　前了，
3. 欢迎欢　迎　　飞到空　中了，　　　与主　同在　那荣耀里　面了，
4. 万主之　主　　永与我　们在，　　　荣耀　的王　坐在那宝　座上，

5 3 5 1 | 3 2 1 5 － | 6 5 3 － － | 1 6 1 2 3 1 2 | 2 1 － － |

1. 在那空中　躲避患难，　哦！　　大患难要临到世　界了。
2. 与主一同　躲患　难，　哦！　　世界没有躲藏地　方了。
3. 哈利路亚　真荣　耀，　阿门！　今天已见救主的　面了。
4. 我们同座　在那　里，　荣耀！　唱哈利路亚阿门　阿门。

（大花苗信徒　王国江译）

　　除了这本内部正式出版的灵歌集外，笔者在花苗信徒朱明富老师处看到了数本手抄本的苗文灵歌和自创赞美诗近200余首，以简谱和汉语的为主，也有几首百年前苗族教会初创时用苗族古歌旋律自创的赞美诗，这些都是朱老师几十年来凭着对音乐和赞美诗的爱好四处搜集记录整理出来。花苗教会的灵歌多用本族的民间曲调或模仿西式传统赞美诗音调，歌词上既有较原始的乡土民谣，也有辞藻优美的语言，既有简单反复歌唱的短歌，也有长篇叙述的诗歌，而在内容上多以宣扬天国美好、期盼耶稣再临（谱例7-12）以及躲避今世患难的消极出世的末世观为主，这与内地会基要主义神学宣扬天堂地狱的二元对立论以及苗族社会深厚的被压迫历史有着紧密关系。

谱例 7-12：苗文灵歌"跳跃喜乐空中相会"

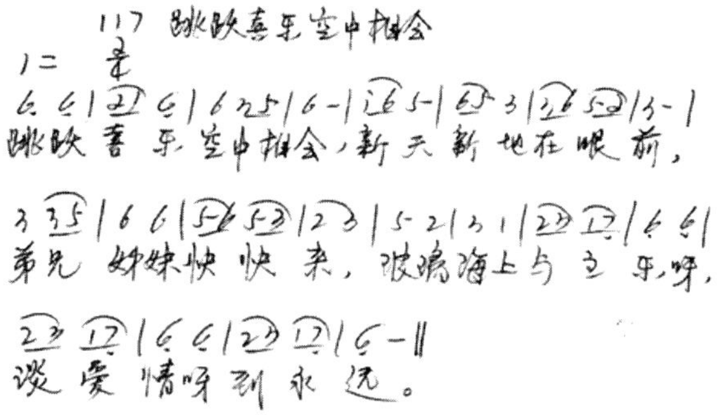

（朱明富老师提供手抄本）

谱例 7-13 是一首古老的苗族古歌调赞美诗"真神造天又造地"，其歌词大意是：真神造天又造地，造万物万类真是美好，他又差他的独生爱子，就是主耶稣基督，为世间罪人背负重担，使他们白白得享永生。"据朱明富老师考证，此曲是 1903 年威宁花苗远赴安顺县城英国传教士党居仁那里学习信仰基督基督教回来后，因唱西方曲调赞美诗十分费力，就用传统古歌调唱赞美诗的词义。党居仁学会苗语之后，也用此类歌调教苗族人唱赞美诗。之后苗族人很快接受了西方乐调，便遗忘了传统的古歌调。

谱例 7-13：苗族古歌调赞美诗"真神造天又造地"

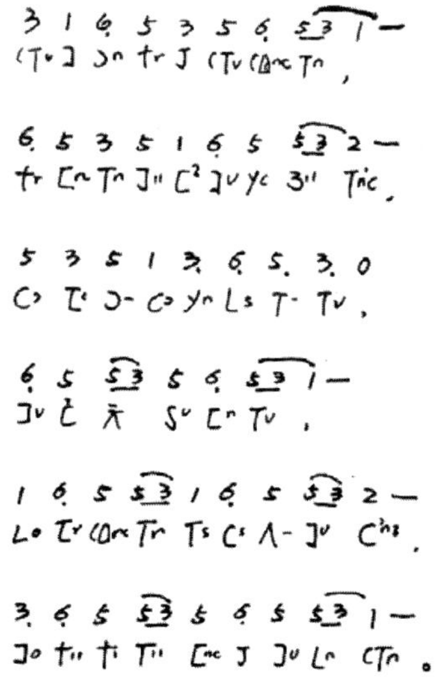

（朱明富老师供稿）

与大花苗历史上的灵恩复兴运动以及多产的本土灵歌现象不同的是，傈僳族历史中并未大规模出现类似的境况。傈僳族所在的怒江地区教会史况要比大花苗地区复杂得多，原碧江县、泸水县、福贡县、贡山县分属内地会、神召会、基督教和五旬节派会四个不同的基督教差会，教派之间彼此互相竞争。而灵恩派的主要分布是在福贡县神召会的管辖教区，有傈僳族、怒族和极少数的白族、汉族信徒参加，主要由美籍加拿大传教士马道民负责。

> 1930 年……马道民之妻马洁心也担任教务工作，马洁心与杨雨楼之妻在礼拜堂或给病人祷告时，常常以突然变得不省人事，继则大哭，后则说某某信徒不守教规、喝酒、偷窃、说假话等，揭出一些人的隐私等手段，认为圣灵附体，是上帝借她的嘴说出来的话，不得不信之。此后，教徒也出现相类似的现象，称为"显现圣灵"。这种现象在部分地区曾盛行不止……传教士还通过他们的家属和亲信，一次又一次地在教徒中搞"史先玛喊母"（即"上帝附体"）的活动，借"附体"者的口，用"上帝"的口气，指东道西，束缚教徒的行动……（朱发德 2008：10；119）

这些部分地区的灵恩派行为类似神巫之术虽有显现但并未盛行，从史料我们可以得知 20 世纪上半叶的花苗教会与汉族各地教会的交流十分频繁，前去贵州的奋兴传道员多为汉族教会牧者，而傈僳地区地处深山峡谷交通十分不便与外界的交流极少，史上的本土教会奋兴运动都未能与之发生关联，加上国外教派林立，灵恩运动在此难以大规模出现也不难理解。据目前搜集的资料来看，虽没有找到傈僳族的灵歌，但可以得知的是一些傈僳人自行创作的歌曲被传教士们编在傈僳文《颂主圣歌》中。由于当地大部分差会的传教士所编订的教规中明确规定不许跳舞和唱山歌，因此寻觅历史中傈僳民间风格曲调的赞美诗十分困难。前文叙述杨思慧的前妻伊丽莎白曾请在木城坡村向两个擅长民歌的老妈妈唱歌，并做了记录，后来还按照她们所唱的对偶句式，在赞美诗歌集里填进了许多歌词，但仅从这些零星的史料我们仍难得知这些曲调究竟是哪些。

三、传统表演形式－唱诗班与四部合唱

用音乐崇拜祭祀上帝，在整本旧约圣经特别是《历代志上》中有明确的

记载。"圣乐队"是大卫王与他的儿子所罗门王钦定的崇拜乐队，由歌唱和乐队组合参与的圣殿式崇拜由此而来，这是基督宗教音乐崇拜的神学基础。旧约中提到了一群特殊的分别为圣的犹太专职圣殿音乐祭司支派－利未人，这是是雅各的儿子利未的后代，属犹太十二支派之一，专责协助祭司进行宗教仪式，并管理会幕或圣殿内的一切事务。"大卫命利未族长选立唱歌作乐的人，确认其专职地位。"（代上 15：16）。《历代志上》第 25 章 1－8 节名为"大卫命定圣乐队"，分工弹琴、鼓瑟、敲钹、唱歌（说预言）等具体人员，其中善于歌唱的共有 288 人。圣经之所以不厌其烦地在很多篇章中都详述犹太人每一位的姓名种种，其目的相当于族群的神圣族谱，记录是以确立每一位在案者的血统纯正性和传承性。这支圣乐队最多时总数达 288 人，所有人分工明确，由亚萨、希幔、耶杜顿三位乐师指挥或作曲（代下 5：12；志上 25：1-8）。公元前 968 年所罗门王圣殿建成，庆祝落成的崇拜典礼声势浩大，像他的父亲大卫王一样，音乐活动被有条理地规划着：

> 当时，在那里所有的祭司都已自洁，并不分班供职。他们出圣所的时候，歌唱的利未人亚萨、希幔、耶杜顿和他们的众子、众兄弟都穿细麻布衣服，站在坛的东边敲钹、鼓瑟、弹琴。同著他们有一百二十个祭司吹号。吹号的、歌唱的都一齐发声，声合为一，赞美感谢耶和华。吹号、敲钹，用各种乐器，扬声赞美耶和华说："耶和华本为善，他的慈爱永远长存！"那时，耶和华的殿有云充满，甚至祭司不能站立供职，因为耶和华的荣光充满了神的殿。（代下 5：11-14）

圣殿崇拜中音乐赞颂是音乐祭司的职责，会众并不参与。他们主要是聆听，并以"哈利路亚"、"阿门"或诗篇来回应，这些形式一直延续到今天的犹太教和基督宗教的很多教派中，但乐队的形式并没有一开始就传承下来。由于中世纪天主教会延续的是古希腊音乐思想，认为人声是音乐中最高的境界，只有声乐才可以在神圣的教堂里赞美上帝，因此器乐一直徘徊于漫长的中世纪音乐发展的边缘。而唱诗班在 16 世纪宗教改革之前的教会里，一直是天主教神职人员和专职音乐家的专利，从单声部的格里高利圣咏到多声部复调音乐的盛行，会众一直是观望者和听众，仰视这上帝在人间的声音。直到 16 世纪，欧洲音乐的主流仍然是复调音乐，基督教的改革者马丁·路德本人所理解的音乐也是同时期伟大的复调音乐，他最推崇的是同代人尼德兰作曲家若斯坎，并称他为"音符的主人"。但由于他的宗教改革发展出了会众合唱，众赞歌开始出现。《牛津简明音乐词典》对"Choral（德），chorale（英）众赞歌"的词条解释：

（1）德国基督教会特有的韵律赞美诗歌调，而且是用齐声唱的……路德派众赞歌同加尔文派、英国和苏格兰的赞美诗曲调一样，最初旋律出现在次中音声部。在17世纪期间逐渐变成像今日通常那样安置在高音声部。16、17和18三个世纪都有许多音乐家为众赞歌配置过四部合唱……

（2）在美国，这个词被用作唱诗班或合唱队的同义词，如罗伯特·瓦格纳合唱队 Rober Wangner Chorale（肯尼迪等2002：224）

德国众赞歌以及加尔文教派的韵文诗篇早期都是单声部齐唱，16－18世纪被很多作曲家配制了四部和声。主调音乐正是在此时发展起来，和声形式从此颠覆了独立风骚的复调音乐形式，音乐领域发生了巨大变化，神职与俗人、唱诗班和会众之间的区别从此被消除。教会神圣传统的拉丁语，在基督教的改革中由于会众的参与逐渐被本地通俗语言所取代，随之和声伴奏的主调合唱也逐渐取代多重声部组合的复调音乐，自此教堂音乐与世俗音乐彼此作用相互影响，而欧洲音乐的发展也从此开始了与传统人声复调音乐形式完全不同的和声意识的器乐形式发展道路，并越来越倾向世俗化脱离教堂的依附关系。18世纪之后基督教音乐的走向，凸显在英美会众四声部赞美诗的发展上，19世纪末20世纪初流传到中国基督教会的便是此类赞美诗。据史料描述西方传教士在大花苗和傈僳族地区传教时，教全体信徒学唱四声部赞美诗。今日的大花苗教会延续了唱诗班歌唱四声部赞美诗的传统，而傈僳族教会更是保留了全体会众唱四声部的传统，虽然傈僳教会唱诗班的四部合唱水平更高，但全体会众四声部合唱的音乐素养在今日全球大多数教会中都十分少见。

《牛津简明音乐词典》对"Choi r/chorus 合唱队，唱诗班"解释的词条如下：

（1）混声合唱队 mixed voice choir/chorus，兼有男声和女声的合唱队。

（2）男声合唱 male voice choir 通常只有男声，但有可能包含童声

（男童）。

（3）双合唱队 double choir 是分成两个对等部分的整体，有事不仅
分成八部合唱，有时还唱出应答的效果 responsive effects。

（4）在教堂建筑中，设有主教座位的大教堂 cathedral 里面的唱诗
班席称作 choir，而在普通教堂中的唱诗席则称作 chancel。

（5）chorus 一词常指非宗教性合唱队，但亦不例外。（肯尼迪等
2002：222）

　　傈僳族和大花苗教会的唱诗班是上述词条的第一类，即兼有男声高低声
部和女声高低声部的混声合唱队。唱诗班的作用不仅是主导崇拜聚会时的音
乐部分，更是传递福音信息、协助带领会众唱诗，起到提供音乐教育和信仰
关怀的作用。如同上文提到的圣经中的利未人一样，傈僳族和大花苗教会的
唱诗班是由一群音乐水平较普通信徒更高而分别出来的专职事奉团体。怒江
地区傈僳族教会的唱诗班通常没有专门的培训时间，而是在每周五次的礼拜
聚会时唱诗即为训练。如今虽然傈僳教会的四声部唱诗已经引起了教内外和
旅游者的关注，但由于地理环境和族群等原因缺乏与外界更广泛的交流，大
部分傈僳教会的音乐曲目仍是傈僳文版的传统赞美诗、福音诗歌以及来自缅
甸的现代流行音乐的改编曲等。大花苗教会唱诗班的训练存在两种情况：一
如傈僳族教会一般，仅在每周3－5次礼拜聚会中唱诗，多出现于贵州大花苗
地区；一是会在一周中抽出专门的时间进行唱诗班排练，多出现于云南大花
苗地区。云贵大花苗教会与汉族城乡教会有频繁的交流机会，他们的音乐曲
目除了苗汉文的传统赞美诗、福音诗歌、崇拜短歌以及现代流行音乐的改编
曲，还有不少译成中文的诗班合唱曲、大规模合唱作品和自行创作的多声部
合唱等。

四、当代表演形式－流行音乐风

　　从20世纪90年代起，一股流行音乐之风正慢慢吹入整个中国教会，地
处西南边陲的傈僳族与大花苗教会也不例外。这种宗教音乐的流行风与传统
唱诗班四部合唱形成鲜明对比，它主观、自由、情绪化、个人化并具备一切
当下社会的潮流元素，极受年轻人的青睐。这股风潮源于20世纪60年代的
美英国家，是全球基督宗教灵恩复兴运动兴起的音乐产品——"敬拜赞
美"，其内容特别强调在敬拜活动中进行"赞美"。赫士德在《当代圣乐与

崇拜》中提到了存在主义的哲学与神学、麦鲁汉主义、"世俗神学"、人际关系的神学、相对的美学、众教会的得胜和顾客至上主义等七个方面影响此时期教会崇拜的因素与结果。（赫士德 2002：295-296）社会大环境种种不可抗拒的外在影响力，加上人们对宗教信仰追求进一步的更新要求和对音乐意义及其特殊功能的再次肯定、以及用当下语境里的文化语言表达情感等的内部需求感，正是敬拜赞美风靡全球的重要原因。"敬拜赞美"的音乐风格实际就是流行音乐的风格：用吉他弹唱、喜唱民歌和民谣式的宗教歌曲、电声乐队（电吉他、电贝司、架子鼓、电子琴）、麦克风抒情独唱等。从这种风格在教堂里一出现起就遭到很多人的诟病，但它仍然依附美式世俗文化在全球教会刮起了愈来愈浓烈的流行风。赫士德列举了五点影响世界观点的文化现况：这是个人主义与自我陶醉的现代；这是个消费主义的时代；这是个电子、电脑、电视、录影带及高级音响的时代；这是一个流行音乐盛行三十多年、愈来愈退化的时代；这是个灵性空虚的时代。这些文化现况均在"敬拜赞美"中有所体现，也正是它被抨击之处。但无论"敬拜赞美"有多少弊处并凸显现代人的文明病特征，它只是深刻体贴着现代人的情感和需求并大量利用现代科技，对当代信徒的信仰渴求提供了释放和自由的敬拜心态，其优点和影响力是不可否认的。

中国大陆教会的"敬拜赞美"潮流缘起于海外华人教会，其文化圈影响范围从美国教会起始→美国华人教会→东南亚华人教会和港澳台教会→中国大陆教会。由于宗教信仰自由政策从 20 世纪 80 年代左右落实，社会流行音乐和教会流行音乐"敬拜赞美"此后才逐渐进入中国大陆。台湾教会及海外台湾人教会已跟随着美国发展近 20 年左右的教会流行音乐风，发展出中文的"敬拜赞美"并逐渐形成成熟的音乐团体，如"赞美之泉"、"天韵诗歌"、"我心旋律"等。以最具影响力的"赞美之泉"为例，该事工团体成立于 1993 年，两年之后在美国加州成立非营利机构，1995 年出版第一张敬拜赞美专辑《让赞美飞扬》，1997 年在台湾登记为赞美之泉文化事业基金会，现已出版 30 张专辑。21 世纪初"赞美之泉"等系列团体的音乐在中国大陆地区的城市教会里流行起来，并很快风靡至乡村教会、少数民族地区教会以及全国天主教各教会，且在二三年之后迅速兴起了此类风格音乐本地创作和音乐制作团体兴起的热潮。

大花苗当代教会音乐风格的变化多受大陆汉族教会的影响，由于贫穷的原因，电声乐队目前在花苗地区并不多见，多是一两台电子琴、一架调音台和廉价的组合音响等。"敬拜赞美"的多样化内容在花苗教会里，主要保留了麦克风独唱歌曲（通常有清唱、电子琴伴奏以及音乐带伴奏等三种方式）和音乐带伴奏表演手语歌舞（或清唱表演），而此类歌舞几乎清一色的汉文，也是汉族教会里熟知的"赞美之泉"、"天韵诗歌"等团体的歌曲。手语歌舞特别受人们欢迎，成人和儿童主日学都热衷于此，在教会里传统苗族舞蹈基本无人会跳，而手语歌舞即可上台表演又十分简单，比传统四声部合唱既易学得多而又见成效。

与大花苗教会受汉族教会文化影响不同的是，傈僳族教会当代文化潮流的源头主要是邻邦缅甸。缅甸的傈僳族教会文化深受美国流行文化的影响，"敬拜赞美"音乐风格十分盛行，大量成熟的现代傈僳语教会歌曲通过怒江傈僳族和缅甸傈僳族之间的各种交流机会流传进来。20世纪90年代左右，在十分贫穷的怒江州傈僳族教会出现了手持木吉他边弹边唱的潮流，而如今已经有越来越多的教会购置电吉他、电贝司、架子鼓、电子琴、合成器、组合音响等电声乐队的必要组成部分，与此同时会众四声部合唱的水准也逐步在衰退，其保持程度与水平高低与各村经济发达程度有着直接关系。从缅甸流传过的流行傈僳语教会歌曲十分受欢迎，并有组织的舞蹈队在音乐的伴奏下跳欢快的手语舞蹈，动作简单整齐划一，有时在一场聚会中男女老幼最渴望的是这样的歌舞欢乐。在笔者2009年—2012年的田野中发现，除了平日聚会十分常见之外，逢圣诞节这样的大节庆活动中，流行歌舞也占到了越来越多的比例，各村各教会更多地是表演这种简单的歌舞节目，难度颇大的传统四部合唱水平在逐年下降。这种形式人们一学就会，也无需花费人们太多的时间、精力和才华，除了自娱自乐体验表演的乐趣外，还能博得欢乐热闹的现场效果。由于大部分歌曲是通过VCD和录音带跟学的，此类歌曲的书面曲谱形式并不多见。贡山县锡安堂能内部编印了一本圣诞节跳舞专用的歌本，由傈僳族拉撒路弟兄在怒江地区搜集整理，是本地此类歌舞的代表。（谱例7-14："过圣诞节的弟兄姊妹平安地来到"）

谱例7-14：傈僳语舞蹈歌曲"过圣诞节的弟兄姊妹平安地来到"

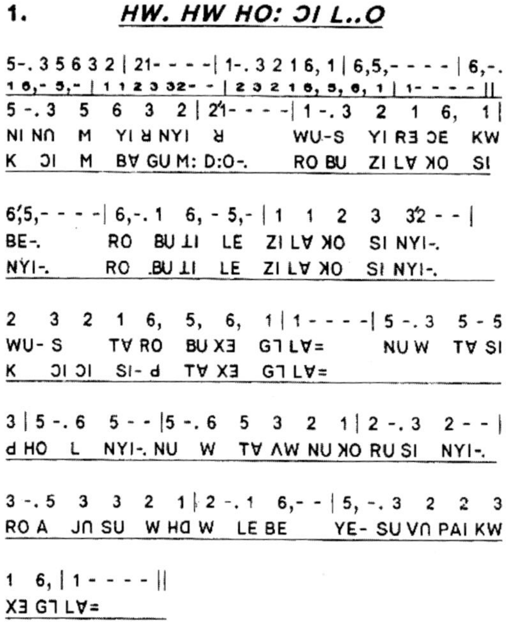

（选自贡山县锡安堂内部编印傈僳文《圣诞节歌》）

第三节　文化变迁下傈僳族和大花苗的音乐境况

一、文化变迁与音乐传播

从20世纪初至今一个世纪多的时间里，音乐在傈僳族和花苗地区的传播媒介，藉政治环境巨大变革带来的文化变迁，经历了由纸质印刷品到现代电子科技产品这一系列现代科技的本质转变。

20世纪上半叶的傈僳族和花苗地区地处战乱中国的边缘地带，但本地土著之间的内部政治争斗依然激烈。西方传教士的宗教文化播种工作，造就了土著民族文化和西方文化直接融合的产物。在音乐传播上，纸质印刷品曾是最主要的媒介，人手一本民族语言的圣经和赞美诗至今依旧是少数民族信徒最主要的标志。20世纪下半叶至当代的傈僳族和花苗地区，其文化变迁主要有国家行为和个体行为两类因素，国家行为主要是国家扶贫的农村经济建设和国家资源开发，包括物产、能源和旅游等方面；个人行为主要是跨境民族往来、外出务工等方面。而主要依托国家行为进入偏远少数民族地区的当代中国社会主流文化，为当地带来实际福利和本土文化的改变。在音乐传播上，电影、电视、广播、电子媒介等信息化科技手段成为最主要的媒介，人们的物质生活与20世纪上半叶相比天差地别，这一切亦是双刃剑。

地处怒江大峡谷的怒江傈僳族自治州，与外界交流的最大障碍首推交通，传统上人们依靠溜索、竹筏和猪槽过河渡江，要想看一看外面的世界就需要翻山越岭或依靠马帮。20世纪50年代开始，国家修建了怒江州第一条公路，而近20年以来，更是大力改善当地以交通为代表的基础设施建设，跨江大桥和二级公路年年处处兴建。笔者自2009年实地考察至今，眼见全州各处时时修路搭桥，人们更是在口头上念叨着"路快通了"期待着未来的改变。随之而来的广播电视村村通工程，为当地居民的精神文化生活带来了明显转变。虽然这项工程在当地的实施难度较大，但仍完成了最偏远的独龙江乡的技术覆盖任务，"北京的声音"可以每天直通原本遥不可及的大山深处的异乡异族。山外面的音乐、文化和娱乐通过广播电视为村民的精神生活带来了巨大的改变，人们开始及时了解山外的世界，和外来者之间的沟通距离也愈发缩小。政府主导了各项文化惠民助农工程，如建设文化馆站、农家书屋、信息共享以及文化活动广场等，并组建业余文艺队和群众文化活动示范点举办乡级农民文艺汇演。同时还有露天电影播放，红歌进乡村、学校、社区和教堂，以及免费的傈僳文版怒江报赠阅乡村和教堂等活动，这些都充分构建了国家主流文化在偏远乡村的安全防线。对于这些惠民行为，某报媒体采访乡民的一段话意味深长："福贡县布拉底村的信教群众高兴地说：过去我们把精神寄托在教堂里，现在搞了村村通，广播电视节目进家里来了，让我们眼睛有看头，耳朵有听头，种养有学头，生活有奔头，与其拜神念经，不如多在家看电视听广播。有的信教村民们很形象地说：上帝在天上，而共产党就在我们身边。"（http://special.yunnan.cn/feature/content/2009-09/22/content_918051.htm）

大花苗族群主要聚居地是贵州省乌蒙山区的威宁县和赫章县以及云南昭通等地区，这些区域都是经济发展落后、贫困人口集中的多民族聚集区，其中威宁县还是国家扶贫开发工作重点县以及国务院确定的连片特困地区县，近年来矿产和物产资源、绿色能源和旅游资源的开发成为这些地区脱贫致富的主要手段。威宁及赫章县地处贵州省进滇入川的要道，距离滇黔川三省的首府交通便利，因此大花苗相比傈僳族而言，与外界和汉族的交流要密切的多，汉化程度也高得多。近年来由于政府开发和外出务工带来的文化交流，电视、影碟机、手机、电脑等电子产品在贫困的花苗人家中也时常可以见到。因此与傈僳族不同的是，由于交通相对便利，大花苗教会的音乐传播更多地依靠与外界的文化交流而不是依赖现代电子产品，同样大花苗教会合唱团体在媒体上露面和参与社会大众文化的程度也比傈僳族高得多。

二、新风貌的民族文化

作为标签式的民族文化传统，现代的傈僳族阔时节和苗族花山节是民族文化、宗教文化和现代文化交融的最典型代表，这是在政府主导意识形态下的民族文化新风貌，并在传统节日涵义上增添了"文化搭台、经济唱戏"的主要思路。傈僳族的阔时节是怒江州合并三江并流世界自然遗产等重点打造的州生态旅游品牌精品文化形象，其中多样化的民族歌舞和服饰是与外界文化交流的主要内容，而怒江州还利用独特的地理优势曾举办了首届中国怒江皮划艇野水国际公开赛等大型系列文化活动。每年 12 月底便是怒江州的旅游旺季，此时正逢傈僳族传统新年阔时节和傈僳族教会圣诞节之际，傈僳族传统的露天"澡塘会"、祭祀活动"上刀山下火海"与怒江漂流、过溜索、喝同心酒、沙滩埋情人和手抓饭等活动被打包成为配套的阔时节旅游产品，而傈僳族教会的四声部合唱也一并被列入其中，成为特色之一。这种传统与文化、特色与创新以及系列化节庆旅游思路正是造成旅游产业成为云南省支柱性产业主要原因，但一味商业需求的人为打造和文化定制也带来了诸多问题。

与傈僳族不同的是，由于苗族分支众多和聚居地分散等原因，苗族最具代表性的花山节一直没有被打造成与阔时节类似的旅游产品，但滇黔川各省市县政府都在积极努力按照政府主导、社会参与和市场化运作的思路推动花山节为代表的苗族旅游文化项目。花山节，又称跳花节、跳月、跳场等，是苗族最隆重的传统集会和节日，也是年轻人求爱的最主要场合。各地苗族过节的时间并不相同，活动内容也有差别。在传统的花山会期上，苗家人要举行祭山、栽花树、吹芦笙跳花、踩花山、对山歌、斗牛赛马等民俗活动。如今的花山节已成为各地苗族盛大的文化经济贸易交流会，娱乐和求爱的主要传统节日功能已大大扩展，成为集民俗艺术、歌舞服饰、体育竞技、商品贸易和旅游观光等综合一体的盛宴。

第八章 傈僳族和大花苗基督教音乐文化对其他民族的影响和互动

第一节 傈僳族基督教音乐文化对怒族、独龙族的影响

在傈僳族的文字发展历史中，富能仁等传教士创制的老傈僳文（西傈僳文、圣经傈僳文）影响范围最广，根据柏格理苗文创制的东傈僳文（流传于滇中傈僳族教会）和根据汉字创制的表音节竹书以及新中国创建的新傈僳文等都未能广泛传播，今天中国的滇西北傈僳族以及泰国、缅甸、老挝、印度等国的傈僳族仍广泛使用老傈僳文。

在云南怒江州的各少数民族中，仅傈僳族拥有文字和圣经、赞美诗等，藉此产生的宗教文化圈由内影响到傈僳族、怒族和独龙族等族群，向外延伸至境外东南亚地区的傈僳族群。怒族和部分独龙族对傈僳族文化的认同主要是依附已经"基督教化"的傈僳文化，从而"傈僳化"和"基督教化"。藉着圣经和赞美诗对傈僳族文字及其宗教读物的接受和认可是其第一步，随之附着一体的基督教音乐和宗教习俗等使族源和地缘关系亲近的怒族和部分独龙族，和傈僳族构成了共同的"基督教化"民族生活。

一、傈僳族基督教音乐文化对怒族的影响

怒族与傈僳族共同起源于古代氐羌系统，在历史发展中，多次迁徙流动造成的族群分布格局变化是形成两个民族独立分化以及内部文化差异的原

因。怒族自称"阿怒"、"怒苏"等，与傈僳族一样长期处于大杂居、小聚居的分布状态，主要生活在云南怒江自治州的贡山独龙族怒族自治县、福贡县、泸水县、兰坪县，以及迪庆藏族自治州的维西县和西藏察隅县等地，与傈僳族、藏族、独龙族、白族、汉族、纳西族等民族混居。这种分割杂居的生存环境使怒族深受聚居地其他民族文化的同化和影响，并造成本族内部之间较为突出的文化差异。例如，贡山县的怒族多受当地藏族文化影响，习惯说藏语、穿藏袍、喝酥油茶、跳藏族歌舞等；福贡县的怒族多受傈僳族文化的影响，由于两个民族的生活习惯极为相似，外人很难进行族群区分；兰坪县的怒族多受白族文化的影响等。怒族没有本族文字，各地之间的方言差异较大，不能交流，在怒江州的怒族大部分都会说傈僳语，而当地少数民族用傈僳族语、怒语、藏语、独龙语、汉语等多种民族语言混杂交流的情况较为常见。

怒族主要有四个支系：怒苏支系，主要分布于泸水县和福贡县，自称怒苏，说怒苏语，属于彝语支，分 3 个方言；柔若支系，主要分布于兰坪县，少部分在泸水县，说柔若语，属于彝语支；阿侬支系，主要分布于福贡县，自称阿侬，多数改傈僳语或汉语，极少数说阿侬语，属于侬语支；独龙支系；主要分布于贡山县丙中洛区，说独龙语贡山方言，属于侬语支。

基督教传入怒江州之后，基本替代了傈僳族和怒族的本土民间宗教和自然崇拜。福贡县和泸水县的大部分怒族信仰基督教，说傈僳语、读傈僳文等。贡山县的部分怒族皈依天主教和藏传佛教，这些怒族的生活习性基本藏化，但该县丙中洛乡的怒族聚居区还保留着怒族本民族的传统文化，如在每年农历 3 月 15 日，人们会穿着传统怒族服装在仙女洞举行为期三天、祭祀仙女的怒族盛大传统节日"仙女节"等节庆活动，但信仰天主教和基督教的怒族村民不会参加这个传统节日。

2009 年 5 月 20 日周三，笔者一行从泸水县出发，乘车前往怒江傈僳族自治州福贡县匹河怒族乡老姆登村的老姆登怒族教堂。老姆登村是一个怒族村，村旁有原碧江中学遗址和烈士林园，多家民俗农家乐也在近十年间陆续开办。教堂坐落在半山腰上，我们于中午时分到达前往匹河乡的岔路口，在山下租了一个三轮摩托车上山，司机是一位傈僳族基督教徒，上山的沿路建有一个名为"木乃"的傈僳族教堂，极其颠簸的弹石路使行进的路程变得很痛苦。司机在巨大的马达声中用云南普通话高声地和我们聊天，他说怒族教堂的信徒比较保守只会唱传统的四声部赞美诗，而其他地方（福贡）的信徒则会跳舞，并且跳的人很多，言语中不经意流露出自豪的表情，话外音是"会跳舞的那边更有趣"。我们此次来访正赶上农忙，沿路都是乡民插秧耕田的情景。因为农活很多，进教堂聚会的人就相对减少，而年轻人大多外出打工或做活。笔者一行来到名叫"怒苏哩"的农家乐，主人郁伍林是怒族基督教徒，妻子是独龙族基督教徒，从他家的房子可以全景俯瞰老姆登教堂。教堂侧面是一个清澈的围栏人工鱼塘，在峡谷山峦中强烈的阳光照耀下，锡皮制造的教堂房顶反射出一片刺眼的白光，这所有的景色从高俯瞰看时，便一一倒映在小小的鱼塘中形成绝美的景色，因此常有摄影师把老姆登教堂誉为怒江大峡谷最美丽的基督教教堂。

老姆登教堂所在的匹河乡有 30 多个教堂，平均五六十户人家区域就建有一个教堂，每年逢复活节和感恩节，乡里的一两个寨子会在一起庆祝。圣诞节是全乡性质的庆祝活动，只能每年轮流选定一个教堂举办，没有被选定的教堂就不能举办，参加者基本会还根据各自的经济状况带来钱或米肉等粮食前来庆祝。匹河乡地区的教会领导人被认为比较保守，不允许信徒跳流行的福音歌舞、弹吉他等，只能唱传统的傈僳文四声部赞美诗。

老姆登教堂的礼拜主要用傈僳文和部分怒语，唱歌和讲道、念圣经用傈僳文，村民基本都可以理解，但讲道部分需要用怒语翻译出来，或者傈僳语和怒语混杂使用，当地怒族人基本可以理解傈僳语，但傈僳人并不懂怒语。当天晚上有教会传统的周三晚礼拜，但因为是平日又加上农忙，参加礼拜的人数较少，教会执事兰宝便特地召集村民前来参加。20：40 左右，教堂的钟声敲响十下，21：15 左右，陆续来了 20 多位男女村民，主领人上台指挥会众唱傈僳文四声部赞美诗，然后全体起立闭目用傈僳语或怒语做一个简短的祷告，接着是讲道、唱诗和祷告，由兰宝执事讲道，郁伍林在下面用汉语小声地翻译。礼拜中大部分人阅读傈僳文圣经，也有一些年轻人看的是汉文圣经，待到尾声时，会众特别为我们多唱了 5 首四声部赞美诗。当天参与的人数虽不多，但其四部合唱的水准却较高，这与教会保守传统有直接的关系，整个礼拜仪式与傈僳族教会的完全相同。

老姆登教堂每个月的第一个礼拜举行奉献礼和圣餐仪式，村民并不严格执行十一奉献教规，而是看实际情况进行钱粮奉献，村民们特别认可教会作带来的治安良好和稳定的现状，而村委会的很多智能也是在教堂里完成的，例如政府宣传文件、村民会议等。郁伍林本人也担任了多年的村委会工作，他告诉我们老姆登村是一个信徒村，但仍有两百多人不是信徒，不过邻里关系都十分融洽，不仅如此，怒族传统的巫师"于古书"在本村还有一位，但他已经很少做法事。近年来，前往老姆登村旅游的人数越来越多，村里的农家乐已经增加到12家，但由于没有网络以及文化活动单一等问题，在村委会工作多年的郁伍林特别希望政府能帮忙解决并组建一支村民文艺队表演怒族传统歌舞。

怒江州怒族文化全方位地受到傈僳族的影响，特别是福贡地区。笔者在郁伍林家看到一张照片，是当地怒族人的合影，服装与当地傈僳族完全一样，关于傈僳和怒族的关系，就此我们展开了一番问答。因为怒族是怒江的原住民，福贡县傈僳族服装与怒族相同的缘由应来源于怒族，而不是怒族学习傈僳族的，这是郁伍林特别纠正我们的一点，也与教科书中的传统解释不同。（以下是笔者和郁伍林的一段对话）

问：咱们这儿过鲜花节吗？

答：我们这儿没有鲜花节，怒族有四个支系，语言不相通，生活习俗不一样，怒族自称怒苏，福贡叫阿怒，阿怒的服饰跟我们的是一样的。（看合影照片）

问：这是傈僳族的？

答：傈僳族是针对傈僳族这一块的，只有福贡的这个傈僳族跟我们怒族是一样的。

问：这是怒族的衣服？

答：是呀，我们怒族衣服都这样的。

问：这不是傈僳族的吗？

答：不是，如果谁穿上就是谁的，哪一个民族穿上就是哪一个民族的，但传统的来说这是怒族的服饰，为什么呢？因为傈僳呢是外迁的民族，他来到我们这个怒族区域之后是学我们怒族的服饰。为什么区分呢？翻过这个碧罗雪山背后是傈僳，也有维西傈僳这些，然后只隔一个山，怎么服饰跟福贡跟维西不一样呢？再说维西的傈僳族比福贡的还多，从匹河这儿往下去是泸水县也全部都是傈僳族的一个大县，他们的服饰也跟福贡的不一样，再往上走，贡山的傈僳族也有不一样的，因为只有居住在福贡的这一块跟怒族杂居的，这里的傈僳族才跟我们的服饰是一样的。一般标出来怒族的服装都是那种长条形，头发是包一块布的那种，那是贡山的怒族，但实际上贡山的怒族也不承认他们是传统纯的怒族，而承认我们这儿（匹河乡）是正宗的怒族。他们的怒族里面，"怒"的这个字是没有意思的，到我们这儿"怒"是有意思的，是"背"的意思，就是后背，意思是高黎贡山和碧罗雪山两个背。

问：为什么怒族现在被傈僳族同化了呢？

答：我们这儿说如果汉族人还不进来，到上世纪初，我们怒族肯定被傈僳族同化或者被傈僳族消灭了。

问：汉族进来就没有同化掉？

答：因为他们经常欺负我们（傈僳族和汉族），傈僳族是打仗用箭什么的，但汉族就是用语言哄人会骗……（笑声）

在多民族共存的怒江傈僳族自治州，由于傈僳族人口占绝对多数，因此无论是哪个少数民族的聚居区，傈僳族都越来越成为同一区域内的主体民族。在文化传播上，傈僳族得益于老傈僳文的创立和基督教教会系统化的宗教传播和教育体系，这使得区域内其他相对弱势的少数民族群体自然进行了文化融合的生存选择。但随着日益兴旺的旅游开发和文化资源的提升，文化分化和民族个性的凸显，将成为生存选择的一种新趋势。

二、傈僳族基督教音乐文化对独龙族的影响

独龙族是中国人数最少的少数民族之一，主要分布在云南怒江州贡山县独龙族怒族自治县的独龙江流域河谷地带。独龙江地区的交通极为不便，历史上只有两条人形小道通往内地和缅甸，直至 1999 年独龙江公路才正式通车，因道路崎岖艰险车程时间较长。每年 11 月至次年 5 月大雪封山，整个独龙江地区处于完全封闭的状况，能进山之时仅能选择驾车加徒步，道路塌方、泥石流、山体滑坡和蚂蟥谷等自然灾害在该地区是家常便饭，因此独龙江的考察和旅游也被人们戏评为自虐级别。

基督教在独龙江地区的传播与傈僳族基督教传播紧密相连，20 世纪 30 年代滇藏基督教会的美籍传教士莫尔斯进入贡山地区修建教堂，逐步发展培养傈僳族、怒族和独龙族的信徒和本土传教士。历史上独龙族只有语言没有文字，20 世纪 40 年代莫尔斯传教进入该地区时曾和自称日旺氏族的缅甸独龙族人白吉斗·帝其库共同创制了一种以"日旺"话为标准音的拉丁字母拼音文

字称"日旺文"，用于独龙族基督教的传教工作，并翻译和大量出版了日旺文的圣经和教义读本，但由于部族之间的语音差异，日旺文最终没能在独龙族推广开来。

独龙江下游地区靠近傈僳族聚居区，文化发展整体受傈僳族的影响较大，而独龙江上游地区传统上受藏族和纳西族土司的控制，文化发展较脱离傈僳族的影响，因此下游地区的信徒较多而上游地区则反之。如今独龙江乡辖迪政当、龙云、献九当、孔当、孟当和马库 6 个行政村，全乡分布在独龙江两岸。独龙江地区的教会主要集中在下游地区的巴坡、马库一带，共有马库村的钦朗当、迪朗当和督都，巴坡村的拉王多、麻帕拉、木立王和麻必地以及献九当村的献九当等 8 座教堂。其他村落有一些小型的聚会活动点，仅有龙元村没有信徒。

目前，独龙族的基督教活动与傈僳族完全相同，在每周三、六、日分别举行 5 次活动。周三、六晚的活动时间约在六至八点，历时一个半小时左右，通用傈僳文圣经和傈僳文四声部赞美诗。整个程序是：主领人领唱"现在祈祷的时间到了，让我们一心一意忠于上帝"，然后祈祷片刻，接下来是讲道，混用独龙语和傈僳语，并说明一些教务情况，最后是祈祷以及唱诗"现在我们分手了，上帝保佑我们这些暂时分手的人"。周日的礼拜时间是上午八点至十点，下午两点至五点，晚上活动的内容和程序与周三、六的基本相同。

独龙族的所有宗教事务归属贡山县锡安教会管理，向独龙族传教的工作也由该教会不定期差派傈僳族为主的传道人员推动，但由于该地区的交通极为不便，其教会组织相对松散，本族传道人员非常稀少，因此很难像傈僳族地区一样产生深厚的宗教基础和社会影响力。

第二节　大花苗与小花苗、彝族基督教音乐文化的互动

柏格理等人创制的老苗文以及他们遵循循道会思想创立的乡村文化教育体系模式，形成了一个辐射滇黔川三省交界地区的文化圈，对该地区特别是滇东北和黔西北地区多个县乡的苗族、彝族和拉祜族、傈僳族等其他一些少数民族的文化产生了深刻影响。老苗文的推广基于传教士们的乡村福音传

播，他们走动在多民族混居的乡村中，塞缪尔·克拉克记录到传教士尼科尔斯的传教区域涉及花苗、白苗、不同名称的诺苏（彝族）、瑶族、布依族和汉族等，他随身带柏格理为苗民印制的汉、苗文书籍兜售并提供铅笔和书写纸张，人们竞相购买并开始学习认字写字，这些乡民的学习程度惊人，很快就如其他地方的苗民一样学会唱赞美诗并在公开的祈祷仪式上开口。（塞缪尔·克拉克2009：133）成型的老苗文很快也被其他地方的传教士借鉴引用创制成黑彝文、东傈僳文等，用于圣经和赞美诗的翻译与编纂。传教士遵循循道会思想创立的乡村文化教育体系模式，是以贵州石门坎为中心的教育社区，藉着福音传播和苗民的识字运动形成一个民族教育和宗教传播的文化网络，其影响力在20世纪上半的叶国民政府时期曾轰动一时，虽时过境迁，但在今日的花苗教会体系中仍然可见。

一、大花苗与小花苗基督教音乐文化的异同

小花苗是与大花苗嫡系最近的一个苗族分支，同属花苗。二者之间的区别，苗人自己的理解主要是花披肩服饰图案造型与面积的大小，大则称之为大花苗，小则称之为小花苗。小花苗妇女头饰的特别之处是缠着大块红色头巾，因此也被称为红头苗。小花苗总人口13万多，现有信徒8000余人，多集中在贵州省水城、赫章、纳雍三县等地，一百多年前与大花苗等民族一起皈依基督教。传教士塞缪尔·克拉克记录了20世纪初期小花苗地区的传教活动：

> ……亚当先生和他的同伴在继续旅行中，来到一个名叫双龙箐的红头苗寨子，并同那里的基督教徒和崇拜者一起愉快欢聚。他们杀了一头肥猪，就像过节一样会餐。在煮猪肉时，他用问答法向男人和男孩以及一些女孩进行传教并赞美上帝赐予了他们知识。宴席后，整个晚上都在宗教问答、传教及唱《圣经》歌中度过。他们最喜欢唱的是"耶稣基督"。在这些朴实的人们中，运用唱歌的形式进行传教，其作用之大是任何人也无法估量的。和汉人不同，他们几乎都是唱歌的能手，很快就学会了基督教的曲调，此外，任何内容改成诗歌后比起平铺直叙的文体易学和易读，他们中的有些人就是从学唱圣歌中懂得基督教教义。他们常在家中唱很多古老的和有名的圣歌，听到他们唱歌看到他们脸上焕发出的主的喜悦，对每个人都是极大的乐趣和鼓舞。在仪式的空隙中，他们中的大多数人唱

圣歌、学圣歌，或互相唱新的圣歌、新的曲调。（塞缪尔·克拉克 2009：106-108）

1946 年小花苗方言的《颂主赞歌》由多位小花苗传道员和教师选译完成，并由李国兴传道带往昆明内地会印刷厂印刷。今日，小花苗教会音乐的发展与大花苗的并无二般，只是其特别之处是非常注重灵歌的发展。灵歌这种音乐形式是本土信徒的心声，在全国各地的乡村教会中广泛存在。自 2006 年起，小花苗教会每年举办一届"灵歌飞扬赞美会"进行音乐布道，其内容就是"上帝透过诗歌启示给没有文化的信徒"的流传在小花苗教会的灵歌，这些歌诗创作者大多数文化水平低下或是文盲，人们统一认为这是受到圣灵启示通过梦境或在特殊环境中有感而发并即兴创作的，因此灵歌的旋律和歌词都极富乡村本土特色。小花苗教会举办的"灵歌飞扬赞美会"旨在收集整理和传承本教会的灵歌，并激励信徒们的信仰。这场每年举办并日趋规模的赞美会已逐渐成为小花苗教会民族和信仰文化凝聚的盛会，人们聚集在一起不仅进行信仰上的交流、联结和分享，也有其他宗族事务的商讨，例如 2011 年举办的赞美会特别增加了小花苗族教会内婚姻彩礼问题的改革商讨及解决方案以及小花苗族苗文圣经翻译校对及印刷事宜的奉献善款工作等。

2009 年 8 月 16 日，贵州省纳雍县拉优凯小花苗教会举办"苗族基督教界热烈庆祝心中成立 60 周年暨灵歌飞扬赞美会"，以下为实录记述，由天铃影视工作室和灵歌飞扬组委会提供影音资料：当日早晨，水城、赫章、纳雍三县的小花苗数千信徒和来宾陆续来到纳雍县拉优凯小花苗教会的田间地头参加赞美会，拉优凯教会的男女信徒两排盛装站立，夹道拍手高唱"欢迎歌"迎接长龙般络绎不绝的嘉宾。在教会门前的空旷之处，已经挤满了人群，一大拨年轻的小花苗男女正围成圆圈唱歌拍手转动起舞。礼拜仪式开始时，全体在广场的空地处男女分开有序落座，首先齐唱一首具有苗族风格的小花苗语灵歌，一位礼拜长在前面指挥会众，歌唱数遍之后，手风琴进入伴奏，第二首诗歌由全体起立齐唱一首汉语的诗篇。接下来进入诵念诗篇、祷告和主持说明阶段，共有主礼员、传道员和礼拜长等三人主持，全体依然侍立聆听。祷告完毕，大会支持人上台念会议须知，要求来宾管理好各自的人员以及服从会议安排等具体细节内容。组委会人员还特别强调此次不是苗族传统的"赶花场"文娱活动，而是敬拜赞美会，希望大家自觉遵守大会安排，讲解完之后全体再次唱起第一首灵歌。唱毕，男女两位小花苗主持人上场宣布"灵歌飞扬赞美会"开幕式开始，大会鸣炮一分钟后全体起立奏国歌，并唱汉语《（新编）赞美诗》第 63 首"圣灵来到歌"。接下来由县基督教会长老在讲台上代表祷告，男女主持人轮流诵念中国共产党党史和小花苗教会史。县人大代表、乡党委委员、乡派出所干警、县宗教事务局股长和乡文化村村长等人，作为应邀嘉宾坐在主席台上由主持人意义介绍鼓掌欢迎。县宗教事务局股长在大会上宣读本次活动的文件，小花苗教会的王牧师致欢迎辞，并说明开幕式程序为：各级领导讲话、牧师短讲、长老作灵歌见证分享和现场奉献等四大环节，下午 14 点－18 点举行灵歌飞扬赞美崇拜会，晚上进行交通聚会，第二日 17 号上午 9 点－11 点举行闭幕式等。接下来由两位年轻的小花苗姑娘清唱表演"我和我的祖国"，拉优凯小花苗教会唱诗班献唱诗歌 3 首以及各位领导讲话，主礼人读经和牧师讲道，在讲道接近尾声时牧师带领全体清唱汉语赞美诗"我今来到主的圣殿"。讲道完毕，开始节目表演。主持人特别说明灵歌对于小花苗教会的意义，虽然自己的灵歌没有优雅的旋律和完美的节奏，却是完全本土的属灵赞美诗，也是小花苗的信仰表达。接下来，彝族、小花苗、短角苗等各教会的灵歌队轮番上场献唱，多是单旋律无伴奏清唱的民间曲调，部分歌曲会有手风琴伴奏和指挥，表演者们通常边唱边拍手十分欢愉。各教会的灵歌表演结束后由唱诗班登场献唱，赫章县小花苗唱诗班、水城县小花苗唱诗班、纳雍县小花苗唱诗班等轮番献唱汉语赞美诗和苗语灵歌，每个唱诗班的人数较之前的灵歌队至少翻两番，集体拍手摇晃身体齐唱的景象甚是壮观。待最后一首告别挥手的灵歌唱完之后，上午的开幕式宣告结束。下午举行了长达四个小时的灵歌赞美会，赞美会结束后，人们意犹未尽向内一层层围成一个越来越大的圆圈，快速击掌吆喝起舞。晚上举行交通分享会，人们读经、祈祷、讲道、唱灵歌和分享。次日举行闭幕式，到此这场盛况的小花苗灵歌赞美会便期待来年再见。虽然大花苗和彝族等紧邻族群教会都拥有数量不菲的灵歌曲目，惟有小花苗将灵歌作为本教会的文化和传统希望传承和发扬光大，传统的西方四声部赞美诗合唱的优势在这里明显不如其他教会。

二、大花苗与彝族基督教音乐文化的互动

滇黔交界地区的苗、彝等少数民族呈分散混居的生存状态，早期的苗、彝族教会本是一家，后因教务需要分开发展，但仍是近邻亲友的关系。柏格

理老苗文也因此影响到黔西北的彝族、滇北的彝族和滇东北的彝族等地区，从而产生了老苗文体系的彝文，以及用其翻译出版的圣经和赞美诗等。

内地会在黔西北的传教活动亦由苗族地区向彝族地区扩展。1918 年驻贵州葛布教会的奥籍牧师岳克敦和加籍牧师贝尔克，召集彝族传道员安约翰、安永清、彝族教师安文良、罗安德烈和板底的一位教师等人，在彝族聚居的结构地区商讨用汉语注音字母拼写彝语译唱赞美诗歌。同时又特邀乌蒙秀才王天铨牧师作彝语翻译指导，译出彝文赞美诗手抄本。由于彝、苗族语言习俗不同，1920 年岳克敦和贝尔克商讨将教会划分为葛布、结构两个总堂，设苗族教会总会于葛布，彝族教会总部于结构（今赫章县可乐区结构乡），同年英籍牧师文道成驻彝族结构教会。1923 年自葛布教会编译的苗文赞美诗问世之后，彝族赞美诗翻译的工作正式提上日程，文道成、安永清、安文良、彝族毕摩杨彼得（杨约瑟）和王绍刚五人组成了彝文赞美诗翻译组，安永清为全面负责，文道成负责经费和出版等外事，王绍刚负责有关事务，通晓彝汉两族语言的安文良和杨彼得负责翻译。由于彝族传统的"老彝文"只为彝族祭师和毕摩专用，普通彝民有语无文，安文良和杨彼得二人利用国音字母附加声母附加符号的方法，制成一套彝语声母和韵母的《彝族拼音字母方案》，两年后编译成一本彝语拼音赞美诗《颂主圣歌》（彝语音译《色具数》）60 首，于 1924 年交付上海出版。由于彝族信徒的需求量很大，安文良和杨彼得二人又增译了 20 首共计 80 首赞美诗，于 1930 年在上海印刷出版，1939 年再版。这种新彝文曾先后流行于威宁、赫章、水城及云南彝良等彝族地区，不识中文的彝族甚至苗族信徒都以彝文赞美诗为课本积极学习，有些教会还开办了彝文学习班等。

在滇北彝族地区，1917 年内地会传教士张尔昌于云南禄劝县传教，他通晓英文、汉语、彝文和苗文，在教堂相继开办初级小学、高级小学文化教育班和圣经短期培训班等以发展教务工作。1928 年前后，在发展壮大的情况下张尔昌成立了撒老坞教会，下设 5 个分堂。待滇北六族联合会成立时，撒老坞教会已拥有 10 个分堂，从而成为黑彝总堂。滇北彝族教会地区由基督教内地会滇北六族联合会先后建立了：禄劝县撒老坞黑彝族总堂、武定县阿谷米干彝族总堂和寻甸县新哨白彝族总堂等。张尔昌在柏格理老苗文的基础上，创制出一种彝族拼音文字，尝试用于禄劝县的彝族、傈僳族和苗族地区教会。这种文字被称为黑彝文，有声母和韵母各 48 个和 25 个符号，张尔昌用其翻

译了 360 首的共计 266 页的彝文《圣主颂歌》，今天还有人会使用这种文字读写。（东人达 2004：303）

葛泼人，属于滇东北彝族支系，居住在云南会泽西南地区，英籍传教士张道惠被委派到那里进行了成功的传教工作，他在《云南的葛泼人（续）》（载于 1915 年《传教之声》）中写到：

> 葛泼人具有很高的音乐天赋。他们喜欢由自己的音乐旋律所谱写的歌曲。唱赞美歌能比其他途径更有效地把福音的真谛慢慢地灌输到这些人当中。每逢有一个老师到达某个村寨，村民就会围坐在那里唱上个把小时。没有什么事情能比教唱一首新歌更令他们感到兴奋。这种歌曲牧师真是一份相当高雅的职业。（东人达 2004：38）

甘铎理记载了柏格理约 1911 年左右参加的一次葛泼部落的礼拜，这段记录真实再现了当时苗族、彝族葛泼人和汉族等多民族聚会的乡村场景，原始而淳朴、温馨而难忘：

> 他们礼拜式所独具的一个特色给他留下了深刻的印象。苗族人晚上聚会时，一般要靠环小教堂而立的人手举火把或当地式的油灯来照明。柏格理在这里被第一次介绍使用葛泼人的照明方法，它与众明显不同，带有几分浪漫和象征性意义。房屋中央的泥地上插着一根小树干；直立的树干顶端上放着一块平坦的石板，石板的长与宽大约各 1.5 英尺。用松木碎片在这个小型势头平台上燃起一堆火，整个礼拜始终火光不息。在这个古朴的照明装置旁边的地上，有一堆松木碎片，凡坐在离火最近处的人，不时抓起一把木屑添到火上。在每一首赞美歌唱起来之前，或当什么条文必须在礼拜式上宣读的时候，火堆就要被搅动一次，以使火光照亮起来。这是令柏格理感动的一幕情景，他以自己浪漫主义的天性，站在大群会众的前列，心中充满堆苗族传教士工作第一次收获的喜悦，观看着中心处燃烧的火堆和在闪烁的火焰光亮下的众人的面容。葛泼人、苗族人和汉人都在这里，他们的团结与友好是以前从未有过的。从他面前跳动的火焰中发出的光线，经由四边许多种色彩和图案的民族服装，又反射到他的身上。礼拜式要结束的时候，柏格理又分外高兴地看到那堆松木火在他们的离开中所发挥的作用。随着最后几首赞美歌唱起来，一个又一个家庭的人相继往前移动，同时其他人仍旧

在歌唱，上前的家庭主妇弯下腰，她的背上往往还用被带扎着一个婴儿在地上的木柴堆中抓起一束松木碎片。她把碎木条紧紧握在手中行程一个火把，在中央的火堆上点燃，然后通过合唱的人群向前走出教堂。一家人接着一家人上前引火点亮他们的火把，走出门道，进入黑暗的夜幕中。最后，当人们几乎都遵循这种同样的步骤离去，柏格理随着他们经过火堆快要熄灭的余烬，扎在门外，注视着覆盖住村寨与笼罩于他们四周群山之上的黑暗。往下面的村寨，他能够看到一家家人循路返回各自的家中时一支支火把发出的明亮光辉，而越过大村寨，山半坡的夜色也被那些来自偏僻的小村庄与农舍的人匆匆沿着狭窄的小径赶回他们鼓励的住所时的点点火光所照亮。（柏格理等 2002：576-577）

（一）贵州赫章县彝族教会晚礼拜聚会

贵州赫章县共有信徒 4 万 5 千余人，以苗族和彝族为主，建有教堂 150 余座，聚会点总计 200 余处。彝族教会和大花苗教会并非存在太多局外人想象的民族差异，两个民族之间频繁互动礼尚往来。作为近邻，他们沟通的语言是汉语，圣经和赞美诗通用汉语译本，不过苗族教会仍保留和使用苗语赞美诗和灵歌，彝族教会则全部使用汉语，他们之间的共同地域、共同生活方式和共同信仰造就了大同小异的聚会方式和教会音乐文化。

2009 年 1 月 29 日，笔者一行前往贵州省赫章县双萍苗族彝族乡双萍村板桥组彝族教会参加晚礼拜聚会。正值春节期间，由于几天前冻雨侵袭贵州，此时前行的道路泥泞不堪，但天已放晴。同行的彝族弟兄告诉我们，赫章县教会号称是贵州的耶路撒冷，即是信徒最多的地方。当地苗人（大花苗）多居住在山上，一年有 3 个月缺粮，必须外出打工才能养活自己。而彝人多住在坝子（平坦地域）里，相比苗人而言经济收入略高，但其整体汉化的状况也比苗人严重得多。当地苗彝汉多民族相处融洽，一位外出打工的彝族弟兄还有回乡种核桃树带领村民致富的念头。我们前往的双萍村多是彝族信徒，他们传福音的主要对象却是该地区的汉族人，全村三个组的汉族有三百多人，基本不信教，偶有几个因病到北京、贵阳等地都无法医治，选择接受福音后反而得愈，因此也会劝说别人如果病无法医治，要请牧师来祷告就会好。

晚上 20:00 左右，我们到达板桥组彝族教会，聚会地点在教会带领人的家中，带领人站在门口握手欢迎。屋内已经聚集了 40 人左右，当我们进屋时，人们站起来拍手唱"欢迎歌"等 2 首。全体落座后，会众齐唱"主我想问一问你"、"同路人"、"主耶稣我爱你"、"和平颂"、"赞慕美地"、"三叠离歌"、"最知心的朋友"等13首汉语和彝语的赞美诗和灵歌，这一唱就持续了一个小时。21:00 聚会带领人起立致欢迎词，欢迎我们远方的客人来多，机会难得教导会众应用心聚会。礼拜开始，主礼人用贵州土话诵读汉文圣经《诗篇》34：1-10，会众唱赞美诗歌"磐石，耶稣基督"，带领人邀请笔者为大家分享，待我说完，会众唱诗歌"耶稣爱你"回应。接下来由双坪乡乡长讲道，内容为圣经《约翰一书》4：7-10，在他念圣经的时候，突然有一位老太高声起调唱歌，随即会众附和，人们边唱边拍手并集体轻微摇晃，非常习惯性地打断站在台上正在说话的主讲人。笔者顿觉十分诧异，因为并未见过如此的聚会形式，但此时主讲人也随着大家一起唱起来，直到再没有人受感动出声，他才继续讲道。当他讲到"神就是爱，无比宽深高"时，同样的场景再次出现，如此讲数句话，会众便有人受感动唱诗打断，反反复复持续了五六次。有时一首歌的最后一句尚未唱完，又有另外一位会众起头唱起另一首诗歌，只要有人开头，诗歌就会没完没了的接龙，而讲道也会被数次地打断，造成原本一人十分钟的讲道会延长到不可控的时长，这就是当地苗彝教会每次聚会时间少则三小时多则五小时的缘由，但却让完全习惯了正统教会崇拜模式的笔者一时完全不能适应。会众依据讲道分享的内容随时受"圣灵感动"，即兴唱起任何一首可能相关的诗歌，而他们的参与性显然十分积极，例如当讲到"主的爱"时，人们会唱"主的爱到永远"；当讲到"跟随主耶稣"时，人们会唱"跟随、跟随、我愿跟随主耶稣"；当讲到"我们要彼此相爱"时，一人突然站起来用力拍手跺脚高唱"我们要彼此相爱"，随即会众全体立即自动起立高唱配合，声浪高涨铿锵有力，反而造成台上的主讲者有些被动，以至于完全无法掌控聚会，更让笔者对教会聚会应该就是遵循西方循规蹈矩的传统模式来了一次颠覆性的转变和现场见证。每一个领头唱的人在每首歌的头一句有特定的模式，即尾音拖长二至三拍，为的是让其他人有反应和跟随的时间。唱至尽兴时，带领人站起来要求大家齐唱"主的爱让我们像高山相连"，第一位讲员被数次打断的内容终于截止住。第二位讲员随即起立分享感谢，并读经歌罗西书第一章，由于经文很长，这一次没有人将其打断并唱歌，只是不住地点头说"嗯"以示赞同经文。当第三位讲员起立演讲，他的第一句话"求神居首位"刚说完，一位弟兄开口高唱"不辞重洋来到此地"，会众随即符合唱道"感谢上帝，每走一步求神引导"等三首歌曲。最后随行的彝族弟兄起立说话，全体唱"恩友歌"回应，并由带领人诵读诗篇 113 篇，全体唱"奇异恩典"回应，尾声处由三位弟兄开口同声祷告，全体唱"同路人"回应至结束。这场晚间的聚会足足持续了三个小时左右，全体会众四十余人当晚随机选唱的诗歌内容，是一直在强调我们这些到访者不辞辛苦来到这偏远的彝族村寨以及他们的感恩之心，人们所有想表达的地主之谊和感激之情全部化在这浓浓的歌声中，但前提却是没有人刻意主持，也没有人提前编排，整个氛围默契而激动，充满了乡间聚会的浓厚深情，与教堂中的正式礼拜风格完全不同。

（二）贵州赫章县结构彝族教会主日礼拜

2009 年 2 月 1 日，笔者一行随当地彝族信徒来到贵州赫章县结构乡彝族教会总堂——结构福音堂参加一场主日礼拜，由于笔者需要赶车，这场礼拜并未完整参与。原结构彝族结构总堂辖贵州省赫章县、水城县、威宁县以及云南省镇雄和彝良部分地区 5 个县共计 7 个片区的彝族教会。结构总堂——福音堂可容纳两千余人，平日参加聚会的人数所在一千余人左右。此时正值春节期间人们外出务工，参加教会活动的人明显减少。星期天主日通常由午礼拜和晚聚会两场，午礼拜人们会赶到总会的福音堂参加，晚聚会需回到各村聚会点，因此主日午礼拜在下午三点半之前务必要散会，以方便路远的信徒赶路回家。现结构彝族教会共有两千四百多位信徒，其中四百多位汉族，还有十几位苗族。因为彝族都听得懂汉语，为了照顾汉族信徒，教会的礼拜仪式全部使用汉语，歌曲也几乎都是汉语的。结构教会唱诗班在主日午礼拜开始之前，约上午 10:30－11:30 会有一个小时的例行排练，每月在每月第一周的圣餐礼拜中献唱一次。

与通常主日礼拜不同的是，彝族教会的主日礼拜首先举行圣餐礼，然后才开始正式礼拜。当日由于兼顾笔者一行需要提前离开，该教会带领人决定将圣餐礼放置在程序后面，以便让我们可以听到更多的诗歌演唱。中午 12:00 左右，主日礼拜正式开始。人们男左女右分开而坐，大部分女信徒身穿彝族传统服装头裹黑色头巾或彩色三角巾，男信徒则统一穿汉族装束。彝族传道员文清站在讲台上首先带领全体齐唱基督教结构教会《百年灵歌集》中的灵歌共 4 首，歌声中陆续有信徒进入会场，当唱到"欢迎歌"时全体拍掌，礼拜开始前的会众唱歌即结束。此时，结构教会唱诗班在风琴声中按声部排序陆续走上讲台合唱台，开始献唱"和平颂"、"耶和华我的神"、"单单仰望主"、亨德尔清唱剧《弥赛亚》选曲"哈利路亚"等四首单声部和多声部的汉语赞美诗，传道员文清担任指挥，有一位脚踏风琴伴奏但仅会演奏单音旋律，其唱诗班的演唱水平次于花苗葛布教会的唱诗班。演唱完毕，传道员上讲台分享了几句话，并指挥全体齐唱一首灵歌之后，邀请笔者上台分享，这也是我在少数民族的乡村教会沿路考察的必备事件。待笔者分享结束，一位长老上台开始讲道半小时左右，会众以 3 首灵歌回应唱诗。接下来的程序即是祷告静默和领圣餐礼，圣餐中的无酵饼和葡萄在该教会是用饼干和糖水替代，笔者在傈僳族教会所见是用茶水和葡萄干或饼干替代。

（三）彝族灵歌

虽然了解大花苗和小花苗教会的灵歌文化，但当笔者在光盘中第一次见到彝族教会聚会时灵歌演唱的情景时，仍然感觉十分震撼，最典型的特征是坐在椅子上的全体彝族信徒无论男女统一着装，在高唱的歌声中如大波麦浪一般集体来回摇晃身体，极富身体的韵律和节奏感，看上去蔚为壮观。以下是笔者和彝族结构教会文正国长老关于此景的一段对话：

问：看了这张盘，我吓了一跳！不知道他们为什么要这么摇？

答：唱的是"荣耀禧年国度"，一直拍掌唱，到后面手已经拍麻了。我们这个小乡，全乡大概有一万多人，有四千多信徒，多数是彝族，也有少部分汉族。我们这里每个星期都有开聚会，晚上聚会一般都是两天以上，一般是星期五，一直持续三天。有的也星期六、星期日两天，不一定。每个月基本上都有，赫章是几百多个教会都有的，几百多个教会这里不聚也在那里聚，根据教牧人员的时间提前两个月就安排了。

问：每一次聚多久？

答：就是一整天，能有五个小时。从十一点半十二点开始到下午四五点。

问：都是什么内容呢？

答：讲道，各处的教牧人员集中在一起轮流讲，讲的有感动就唱歌。

问：有没有人坐不住呢？

答：没有啊，都是属灵，他既然来参加都是要安静。

问：聚会最少的时间是多少？

答：一天要是真正的聚会就三堂，早上七点八点礼拜，到十一点吃
中饭，吃了中午饭以后再开始礼拜，到五六点散会，吃晚饭，
到七点多礼拜，礼拜到晚上十一点十二点散会，一天基本上没
有什么休息时间，教牧人员太累了。这边教会就喜欢唱灵歌，
唱高兴了"圣灵洗"，弟兄胆子比较大一点喊得声高。唱到"殷
勤的灵火充满教会，圣灵的活水充满教会，到我们家乡真快乐，
哈利路亚"，全体都站起来了。人人都会背灵歌不用看书，从
五几年一直唱到现在，圣经记不住，但歌词能记住。

问：那这边有没有灵恩派？

答：我们这儿灵恩派是不跟别人吃饭的那种，是小型的，不是国际
上那种大型的。

问：什么意思？

答：跟别人吃饭是不圣洁的，这样一大拨的话，他不和我们吃饭。
要吃的话就要把衣服洗干净，水是要到水里面提起来喝。他们
属于一个团体，一般人可以用一双公筷。

由此，对彝族教会的了解，需从灵歌的传统入手。2008年贵州彝族结构
教会百年庆典之际，如同葛布苗族教会一样，该教会内部出版了一本《百年
教会史》和一本《百年灵歌集》，与苗族葛布教会不同的是，苗族教会的灵歌
集是由老苗文记谱法和老苗文及汉字歌词记录出版，彝族教会出版的灵歌集
完全是简谱汉字版。在礼拜聚会时，彝族教会对灵歌的使用率非常之高，而
对于传统四声部赞美诗合唱的普及率远不及苗族教会。彝族结构教会《百年
灵歌集》主要由文正国长老搜集，绝大部分歌曲由该地区信徒创作，少部分
从其他歌本或手抄本中摘录，其中涉及不少方言土话和民族语言，编者也以
尊重灵歌原创性和独特性的原则，在歌集中原样保留出版。文长老关于本歌
集中一些歌曲的来源，特别为笔者解说，以下是采访片段：

答：423首"我的神啊！"，是文革时期，把长老抬去给斗，但是
赵长老那天生病了，不能上会长，但是造反派一定要他儿子用
桌子把他抬进去，抬上大会上去斗。那一天这个诺亚当弟兄
（彝族）他去放牧，在山上放羊，他就想到这个长老当天要去
斗就非常心疼，他就到一个挨洞里边去祷告，跪下哭泣祷告，
"神啊，为什么你忠心的仆人今天要受这么样的苦呢？"他正

在这样祷的时候耳边就有这样一个女人声就唱了这首诗歌，他就灵中听见这首诗歌。"我的神啊！"这样他就受安慰了，一直唱，一直唱，唱到太阳落山的时候他出来，放的羊都集中在洞门口，他就把它们赶着回去。第二天，他对这洞似乎有点感情，头一天在那里见了异象又得了灵歌，第二天他放牧照样到那里去，把身上的皮毡就放到地上跪下去就祷告，接着他忽然之间魂游相外了，他就来到一个很大的平原，整个平原都是鲜花，平原中间有一滩很清凉的水，有位天使穿着白衣在里面游泳，就唱这首 422 首"涌进爱里来"，他唱这首诗歌，也似乎是和天使在水池里面游，游过去唱，游过来唱，把这首诗歌唱得烂熟，在他醒来到实现中的时候照样也是傍晚了，羊也是集中在洞门口，他又把羊赶回来了。他背下来识字的人就把它记下来了，这是七几年的事情。

问：他当时唱的就是汉文？

答：嗯，我们彝族人原来都讲汉文，彝语也流行但证道和唱诗都是汉文。

问：哟，像这个彝文是本来就有还是后来传教士教的？

答：真正的彝文是很古老的，跟汉文差不多的年代，但是教会用的这一套是外国传教士来了以后创造的，是加了国音字母的，现在 b、p、m、f，过去都是 bai、pai、mai、fai。

问：差不多每一首灵歌的经历您都知道？

答：嗯，经历的少，但每一首诗歌都是在异象中异梦中这样写的，有的很清醒的时候是心里发出来的，有的是耳朵听见的。第四首词曲都是宋美玲写的，原来是在老的《颂主圣歌》上，我们把他摘下来收录在灵歌集里面。408 首灵歌"天国婴孩"，是一个弟兄在异象当中看见得来的，他来到一个很大的平原，他的看见圣经上那 14 万 4 千婴孩在一个大平原上唱诗跳舞，那些婴孩好象对歌词一样一个一句的"天国婴孩喜乐洋洋"，然后他就对唱"你的爱情比酒更美，胜过一切的香气，我心爱的牧羊人你快回来，快回来接新妇到你快乐园，快乐园有什么"？婴孩回答"快乐园，新郎哟，新郎哟，新郎哟，你回来"。然后新郎又唱"快来新妇哟，快来新妇哟，快来进我国度，国度荣耀，国度荣耀，新郎新妇赴宴席"，打扮成天使的围着他们唱"天使哟，天使哟，吹号响，天使在四面来围绕，围绕新郎哟，围绕新妇哟，国度荣耀"。这个地方过去识字的人很少，圣灵就是用不同的方式带领他的教会，在少数民族地区有很多的神迹奇事，这首歌是五几年一个弟兄有一天见异梦得到的，我搜集的时候才二十几岁。他得了以后就都传开了，这个地方只要是得了一首歌不久就传开了。

问：曲调听起来有点像阿诗玛。

答：呵。

问：这本书不完全是灵歌？

答：嗯，觉得好就把它收集起来，灵歌占了95%，其他的部分是圣餐、洗礼、婚礼、丧礼或者节日诗歌，是我们从其他里面拿过来。

问：和葛布教会的灵歌一样吗？

答：大部分一样的，他们还没有出版还没有这个订本，我们这里还没有搞齐，他们搞的时候还有几个小版被搞掉了，要不然是一千多首，到现在还有好多没有上这里。

问：灵歌中有旧文化的因素吗？

答：旧风俗，旧习惯，火把节有迷信，有色情，这些不好的！基督徒思想要纯正。

问：咱们信徒做什么呢？

答：有的也去看热闹，多数虔诚的基督徒都不去的，要去也是赶集一样，玩一玩看个热闹。我们这里过去有一个火把节，一个五月端阳节，真正的信徒他都没啥节，他都分别为圣，要跟世俗划清界限，以前那些古歌、民歌也都不会了。灵歌多多少少会带一些（民间）音调，文革时期真正的教牧人员被迫害，一些年轻的弟兄在真道上不太熟，文化也不太高，所以他就用圣经的词句加上山歌调子就唱起来，这样就不属灵了。音调是山歌的调子，情歌的调子，词是圣经的词，这样就大家都不喜欢。所以开放以后文化提高了，教牧人员的素质也提高了，都不再唱了。我们这边总汇，都反对唱那个调子，要用属灵的调子，用属灵的调子唱的不是我们少数民族唱得那种山歌调。

问：有些灵歌调子还会有以前那种影响，你们怎么知道呢？

答：那不一样，我们一听就听得出来，哪些有民族特色的，他唱诗歌的时候调子都改了，他不会唱，就跑到山歌那个调子了，所以一听他就是刚信的，不跟我们教会这个一样。

问：你们对山歌情歌是熟悉的，所以才知道他们跑到那个调儿上去了？

答：过去是，我们听到很多，过去我们这地方唱山歌的汉族还很少，彝族唱得特别好。

　　这个地方彝族多汉族少，彝族、苗族、汉族各人调子不一样。小花苗山歌也是在南部，他们也用山歌调子唱灵歌，就是芦笙调，脱胎换骨还没有脱好。

问：彝族唱四声部好象比苗族要少？

答：要差点儿，彝族注重的是道德、讲道这方面，四声部是最近两年才学唱的，原来都是唱一声部大合唱。主要是注重道理，怎么讲道，怎么敬拜，精力都放在这个方面去。苗族做不做礼拜也是其次的，主要是唱，唱到最后许多人都不做礼拜了，一讲道就走了，敬拜是很差的但唱得好，彝族喜欢唱但也注重听道，唱方面没有苗族这么喜欢。

关于灵歌演唱时受圣灵感动，会众自发的身体韵律动作，文长老是如此说明的：

问：敬拜的时候彝族跳吗？

答：会喜乐，不会跳，喜乐就是拍拍手唱诗，圣诞节里面动作就是拍手，这边跳一下，那边跳一下，很简单，受感后就拍拍手

问：拍手的动作好整齐还有左右晃，像波浪一样，是下意识的吗？

答：嗯，是自然形成的，

问：第一次看吓了一跳，好几百人往一个方向，像集体舞一样？

答：这个好象已是个习惯，从五几年就开始了，因为唱歌的时候死死的站着不习惯。我们这教会复兴是四六年还是四八年，是新西兰传教士何嘉辙和四川牧师李既岸两个来这里作灵命工作，

> 一个人证道，一个人带诗，一个人祷告，他们来了以后，讲道感动的时候就手舞足蹈，又是跳上台去，又是跳下台来，把人们带动得复兴起来了喊阿门、哈利路亚，就成现在这个样了，基督教还是有位圣灵引导的。

问：那个场面真的太壮观了，看见穿一样的衣服，包着黑头巾，麦浪一样，几百人一个动作，确实太壮观了，我开始以为是哪一个人编得。

答：那个是挺自然的，就是一浪一浪的，有些大聚会还是挺好，挺喜乐的，这个歌调来聚会的人听这个拍子，摇得就一样的，新来的人也不会乱摇都坐在后边，他随着感动自然形成的，不是按个人的想法，受感动的时候会摇，不感动就不摇，要心里平安受感才摇。在我们贵州基本拿汉族当少数民族来认，整个贵州都一样，彝族、汉族、苗族都是一样的，我们几方聚会都是一样的，只要是受感他就会摇，云南也有一些。本来站着唱歌是不舒服的，唱歌的时候摇起来是挺舒服的，不受感动的时候你自个儿摇也摇不起来，只要唱几首歌把心里面唱通了，开了以后就自然会摇起来。

这一段关于灵恩复兴运动的历史源于 1945 年 8 月末的葛布总会，在结构教会《百年简史》中有特别记载，此时正是复兴布道会在全国兴旺时期，苗彝教会也不例外，但关于"灵恩"的具体内容仅在彝族教会史中有较详细的体现。

> 这次聚会效果特佳……于是各地教会的礼拜生活一扫过去呆板死寂的局面，代之以满有各种属灵恩赐充满的生动活跃、朝气蓬勃的景象。从此，认罪混该、异梦异象、属灵眼光、启示灵歌、放眼智慧、先知讲道、赶鬼治病等等属灵恩赐常常充满教会，使教会的礼拜生活常常处在喜乐洋洋的状态中……在此之前，无论葛布总会、结构总会及其所属各教会，礼拜生活都是呆板死寂的。主领你摆着领唱了两首诗以后，全体侍立祷告，之后就是一人或二人呆板直立，一讲到底。中途无一听众提首诗来唱，也不准任何听众提起诗来唱。讲完道以后，又由主领者领唱几首诗，祷告后，礼拜宣告结束。由于驻会牧师和本会教牧们不准相信圣灵，不接受圣灵，不

依靠圣灵来工作。礼拜中不准信徒自由起诗来唱，更不准点头舒身，击节踏歌，因此每堂礼拜都如铁板一块，死水一潭。讲者自讲，听者自便。有看书的，有悄悄摆谈的，有闭目养神的，有神游梦境的。只要你不唱诗，不喜乐，你做什么主领者都不会过问，都不会觉得不正常。相反，你听进去了，高兴了，唱诗了，要激动了，要喜乐的，那才是不正常呢……据说安承明先生原来也是不相信圣灵工作的，他讲道时，只要听众拍掌唱诗，充满喜乐。他就阴沉着脸，携起书扬长而去了。有一天，他去甘河沟做礼拜回来，骑马到喻家湾，在马背上被圣灵感动，魂游向外，眼见一条清明如镜的江河，河对岸百花开放，芳香扑鼻，美如仙境，他布置身处何处，只觉得特别舒心，特别快乐，于是情不自禁的唱出一首灵歌……从此以后，他大讲圣灵充满，大讲灵恩沛降。他讲道时，别人插唱灵歌，他也合声大唱，并且手舞足蹈。总之，灵恩运动带来了圣灵的充满。圣灵的充满则使教会大得安慰，大得造就，从而充满了生命的活力。从那时起，教会就是靠圣灵带领一步一步走到现在的，并且还将继续靠圣灵带领，一步一步走到将来，直走到天国里。（基督教结构教会2008：72-75）

谱例8-1："天国婴孩"

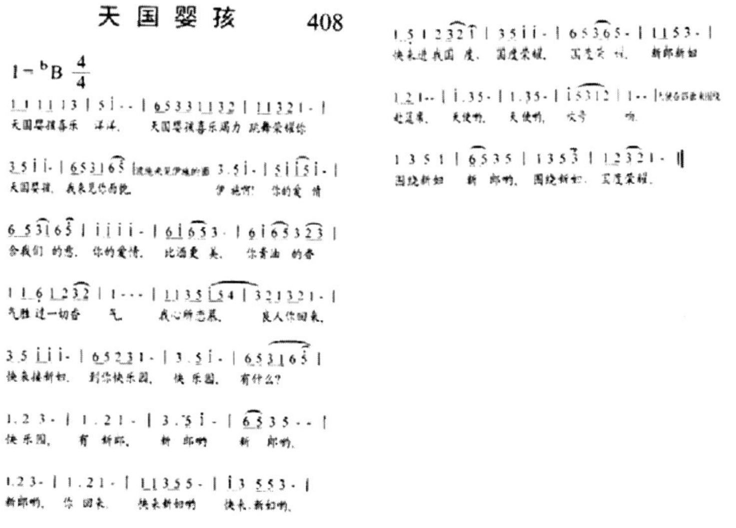

（基督教结构教会《百年灵歌集1908－2008》）

三、云贵大花苗基督教音乐文化的异同

　　贵州大花苗和云南大花苗本为一个族群，但由于生活地理位置的分散，他们之间的基督教音乐文化也出现了一些细微性的差异。生活在滇中和滇北地区的大花苗虽然较为贫穷，但基于交通上的相对便利，其经济生活水平较之滇东北和黔西北的大花苗略高一些，而距离云南省会昆明越近的苗寨则更为明显。作为一个局外人的直接感受即是，云南中部的大花苗比贵州及滇东北（主要是靠近贵州的苗寨）看起来要洋气很多。例如，黔西北村寨里的大花苗传统服饰大多仍是手绣，白批还是由传统麻布织成，滇中苗寨里的大花苗传统服饰多是集市上购买的机织刺绣，白批多为混纺和化纤成分，色彩上要鲜亮许多。而滇中苗寨年轻姑娘的头饰更是特别用假发绕头顶一圈，看起来很是清秀。在教会音乐的表现上，则特别体现在滇中大花苗的美声更"美"，即发声共鸣腔体更通透，管柱状声道更粗大，声音位置更靠后，合唱和谐度更高等。云南神学院一位杜姓教师近年来创作了不少具有云南民族风格的多声部教会合唱曲，在教会内部广为流传，云南滇中大花苗教会将此类作品以及当代创作的教会合唱曲内部编订成册，供唱诗班使用，藉教会之间的流动传唱至贵州大花苗教会，此类唱诗本主要有云南小水井教会唱诗班《馨香赞美》二册以及其他教会编订的《主恩颂歌》三册等，用汉语和部分苗语刊印。

第三节　跨境民族基督教音乐文化的比较研究

一、中缅傈僳族基督教音乐文化的互动

　　随着怒江地区经济发展和文化交流的日益频繁，当代傈僳族基督教音乐文化正面临着转型：以无伴奏四声部合唱为主体的教堂音乐，迎来了电声乐队的流行风；信教之后不再跳民间舞的信徒，在伴奏带的音乐下跳起手语集体舞；越来越多的年轻人喜欢电吉他和架子鼓，而逐渐生疏四部和声。影响他们的是近邻汉族和友邦缅甸的基督教音乐文化，这种文化的大背景是当代基督教文化（以美国为主）的现代化和世俗化风向。缅甸傈僳族因地理和民族文化的优势，对云南傈僳族的影响较汉族更为显著。

　　在文化交流方面，傈僳族各地区都有专门教授吉它并兼习流行音调宗教歌曲的短训班，教授者多为境外缅甸傈僳族或德宏州傈僳族信徒，这些人在

吉他或歌曲的表演方面大多具有相当的水平。此类培训班成为中国傈僳族学习境外文化的直接手段，一年四季并不间歇及各类名目且几乎免费的圣经学校培训也完善了傈僳族宗教文育的系统性功能。

由于多种原因，中缅傈僳族教会之间不能频繁往来，跨境同族同胞之间的走访以及生意上的往来便是他们交流的主要动向。例如，大多数傈僳族人在缅甸都有定居的亲友族人，不少人怒江州傈僳人每月一次往返于州内与缅甸密支那等地，将怒江的特产漆油等日用品运往缅甸，返回时将缅甸的大铝锅、玉石和傈僳语光碟等物品运往州内出售，通常一两天赶街子就能把货物全部卖完，族人之间的贸易信任度较其他人更高，因此较少有经济纠纷事件发生。缅甸傈僳族教会的音乐歌舞光碟基本以此类方式流入怒江州市场，这种现代科技成就的多媒体技术在两国同族之间起到了很大的影响作用，VCD/DVD 在很长一段时间内是当地人们学习外来文化的唯一渠道，通过影像媒介，境外的缅甸傈僳族音乐席卷而来。如果有一人购买光盘，很快碟片上的音乐歌舞就会一传十十传百地在各村落流传开，复制一张光盘的廉价成本和便利程度更加速了这种传播。VCD 光碟在很长一段时间内是当地人们学习外来文化的唯一渠道，通过影像媒介，境外缅甸的傈僳族基督教音乐席卷而来。曾经每逢赶街集市，狭长的怒江峡谷街道几乎成为盗版光盘一条街，虽然县政府一直努力打击盗版，但它的传播速度相对更快。

如今州内多数并不富裕的信徒家中几乎都有电视机和光碟机，通过观看这些音乐光盘，流行风格的缅甸傈僳族教会音乐和电声乐队的使用，成为很多当地人的学习目标。基于教会带领人神学思想的开放程度和经济的贫富程度等缘由，不同的教堂发展出各自不同的模仿方式。通过乐器的件数、歌舞的形式、音乐的组合等，即可看出该教会或地区的经济状况和思想开放程度。2009 年笔者在福贡的一家店铺就看到来自缅甸傈僳族的光盘 30 余张，而怒江州各教堂的各类活动光盘达到了 60 余张。

随着电脑的普及，网络交流逐渐被当地人所知，拥有一台电脑和上网也成为很多贫困山区年轻人物质需求的梦想，这更增加了怒江傈僳族教会渴求学习的程度。人们不再单单满足在电视屏幕上观看别人歌舞，各村寨教堂纷纷自制 MTV 光碟，条件好一些的教堂会请专业人士摄像录影。贡山县城内有一家音像店，其工作范围包括整个怒江州的风光纪录片以及各大教堂的主要活动录影，但摄影者及店主本人并非信徒，他在教会人士中的口碑也不甚佳，因此很多教会开始考虑自行培养摄像及音乐合成等方面的专业人士，一些自学成才的信徒纷纷涌现。搜索国内的主要视频网站，可以看到大量的傈僳族教会歌曲 MTV，但很多有关"基督教"字眼的名录大多被屏蔽或删除。傈僳族对基督教音乐的学习和发展速度远超乎人们对这个偏远山区的穷困印象，宗教信仰的生活化使他们对音乐有更多层面的需求。

如今，表达宗教内容而风格混杂的流行歌舞及音乐已成为年轻信徒的首选，教堂内的文艺内容也越来越趋向此类风格。笔者在近年的调研中发现，流行音乐歌舞已经成为大多数傈僳族教会必不可少的内容（除了部分偏远地区）。在时隔几个月就举行的新堂献堂礼拜中，各教会的表演节目接近 2/3 的内容都是流行歌舞表演。这些歌舞清一色的手语表演，其音乐可分为具有某些傈僳民间音乐风格的歌舞（例如，吉他音色类似其布厄，模仿口弦的动作等）、带有傈僳风格的流行歌曲、混融多种民族风格的歌曲和缅甸傈僳流行风格的歌曲等。缅甸傈僳流行风格的歌曲一部分译自英文，一部分是西方流行音乐风格与本民族音乐风格的结合。这类歌舞在怒江地区称为福音小诗歌、福音舞蹈或称跳舞，通常会穿插在礼拜中间或尾声。根据各教会的经济状况和音乐能力，各堂或多或少地配置有吉他、电声乐队和调音台此类不等的现代电声乐队设备。笔者参加各地的几乎每一场礼拜中，为了欢迎远道的客人，在唱诗班献唱无伴奏四声部合唱的保留曲目之后，都会以几首欢快的流行手语歌舞作为结束或穿插在礼拜之中，妇孺老幼大多乐在其中。

由于云南傈僳族人出境机会相对较少，中缅两国傈僳族基督教音乐文化的互动，更多层面上是缅方对中方的影响。而对缅甸傈僳族基督教音乐的专题研究，则是可拓展的另一选题。文化交流应是双方面的影响，但单方面影响显著的主要原因基于缅甸对西方宗教文化并未加以过多限制的国家政策，缅甸教会与西方教会有密切的联系，因此欧美宗教流行文化的潮流得以快而多地在当地更新传播。中国傈僳族由于地理条件闭塞及宗教政策的缘故，更多地保持着固有的传统，同时国家也严防"宗教渗透"以及"和平演变"，而怒江州则是严防宗教渗透的敏感地带，国家权力无处不在，国家控制疏而不漏。随着社会的发展、经济水平的提高以及农村人口的大流动，越来越多的城市文化和流行文化正进一步影响着这个偏远群体。基于语言和地域的缘故，缅甸傈僳族基督教流行文化较汉文化的影响更为主动，而无论是哪一种的当代文化，无一例外地受到国际欧美流行文化的深刻影响，这正符合已将基督教信仰生活化的中国傈僳族求新求变的审美口味。

二、中美苗族基督教音乐文化的异同

美国苗族的基督教音乐文化与中国苗族的基督教音乐文化同宗同源，其状况如下：迁徙一直是苗族历史中重要的生存型举措，这使得今日的苗族成为一个国际性民族，除了主要分布在中国内陆以外，苗族人口还散居在越南、泰国、老挝和美国等国家。1973 年之后由于战乱原因，从中国迁徙至老挝的苗民大量逃难至泰国，后被允许移居美国、法国、澳大利亚等一些西方国家，如今美国的苗族人数已超 20 万，大部分是白苗（Hmong Daw）和青苗（Mong Njua）两个支系，主要被安置在加利福尼亚、明尼苏达、威斯康星和科罗拉多等 4 个州。老辈的美国苗族仍保留着传统的民间信仰和文化，并特别加强下一代的民族认同感和苗族传统文化，但最典型的变化即是越来越多的苗族皈依了西方的基督宗教信仰，除了美国的社会大环境驱使所致，更是移民之初受到教会的关照所致，这也是美国外来移民皈依基督宗教的最主要原因之一。随着苗族在美国经济地位的逐渐稳固及对社会环境的融入程度递增，苗族建立了族人专用的教堂，虽然同样欢迎非苗民和非信徒参加活动，但人们使用的是苗文圣经和苗文赞美诗，牧师布道也使用苗语，教堂内还有苗族风格的装饰物品，这里不仅是美国苗族融入新大陆的心灵归宿，也是他们的民族认同之地。

结　语

　　基督教徒认为音乐是上帝所赐的美好礼物，但教会音乐的实用性功能划定了它本身的界限。福音派认定圣经是一切神学的基础，福音派教会的礼拜仪式也大多参照新约圣经中记载的第一世纪教会使徒聚会形式，这是一种团契式的崇拜模式，它的音乐风格与本地文化之间关系紧密。在基督教的所有教派中，反对礼仪的福音派教会极易产生忽视教会传统的信徒。在傈僳族和大花苗的教会中，他们的音乐和礼拜传统是一百多年前欧美福音派文化的延续，并在教会允许的范围内摒弃并部分结合本族的传统文化，这个现象在中国汉族乡村教会（详见附录一：汉族乡村教会音乐的田野考察）中同样可以见到。相比之下，城市教会因为文化环境和社会资源的优势，其音乐文化与少数民族和汉族乡村地区有所不同。（详见附录二：城市教会音乐的田野考察）虽然与国际教会的发展并不完全接轨，但总体来说，中国教会音乐依然一脉延续着全球福音派教会世俗性的特点。

　　在教会音乐与崇拜的传统中，传统崇拜关注上帝之世界的和谐性，而现代崇拜关注音乐对时代的适切性以及对情感的支援，换句话说，现代教会判断教会音乐的好坏标准，是取决于能否供应信徒会众的需要而定。在传统的古礼仪教会（天主教和东正教）中，音乐－礼仪－信仰构成一个坚固的三角联盟以完成对信徒的各类宗教需求，对天主教徒和东正教徒而言，神圣教会及其神圣礼仪的功能是抵制个人信仰焦虑的安慰剂。但是对于基督教徒，特别是福音派教徒而言，礼仪的功能已被取消，宣讲（讲道）成为崇拜中的核心，音乐便需担当礼仪角色中的多重功能，最大程度地满足信徒的各类需求，这也是基督教音乐发展迅猛并无一意例外地世俗化、多元化、本地化和现代化的主要原因。当然，教会音乐最重要的功能仍是配合圣经的话语宣讲福音和教化受众，福音派音乐文化的世俗性及其带来的直接效应（教会快速增长等现象）强烈冲击着基督教传统教会和古礼仪教会。

当代全球教会音乐改革、发展及变异的新思潮日益深刻地影响着亚洲国家，韩国教会首当其冲，而中国及邻邦国家正步步紧随。当代中国城市教会音乐的变革主要受港澳台以及海外华人地区的音乐影响，偏远山区的傈僳族教会音乐正全面感受邻邦缅甸傈僳族同胞所带来的流行乐风冲击，无伴奏四部合唱此刻正被作为文化传统和遗产加紧保护，但再保守的教会也无法抵挡求新求变的音乐流行大潮。当代傈僳族教会音乐，正如世界各国的教会团体一样，以开放的心态接受变化。只要有人欣赏，任何风格的音乐都可进入教会，它们仅在安排上有所差别。过去反映宇宙和谐的音乐已变成情感的表达和愉悦，崇拜的核心从认识神到经历神，这正是基督教 19 世纪以来实践和经历的崇拜观，它接受丰富多样的同时也面对混乱。大花苗教会的音乐文化同样难以抵御这种冲击，不过由于不像傈僳族一样毗邻国境以及本族文化深度汉化的原因，苗族教会更多程度上是紧随着汉族教会的脚步前进。

自 20 世纪宗教政策落实以来，当代中国无论是洋派的城市教会、广袤的汉族乡村教会还是偏远的少数民族教会，都没有完全承袭欧美教会的历史文化传统，这样的局面对教会文化的发展是利弊均沾。一方面由于没有传统的约束，教会文化可以自由发展，但反过来看没有传统根基的文化终究是难以长远和深度发展的。除此之外，中国社会快速发展带来的城乡一体化形式，更对傈僳族和花苗的教会文化带来多元化和世俗经济化的强烈冲击，面对保守教会所认为的世俗社会的生存压力和现实诱惑。云南福贡的怒族教徒 y 笑谈自己在生活中是一个半蛇半青蛙的两面派，在本村教会禁止所有流行歌舞和传统舞蹈的情况下遵循教规做一个平常的信徒，在外打工时为游客跳本族传统歌舞挣钱养家做一个平常的村民。云南小水井苗族教会唱诗班近年来频频的出访演出及名声渐旺的情况在当地教会引发了不小的震动，其中不乏负面的批评，认为有亵渎教会音乐神圣意义之嫌，并担忧金钱对信徒的诱惑及对教会的冲击等种种，而音乐文化就在如此境况中保守而缓慢地悄然发生着变化。

一、基督宗教音乐的艺术与美

傈僳族和大花苗的教会音乐所代表的是基督教福音派中国本土化的典

型，也是西方传统宗教音乐华化的优秀代表。但进一步引申来说，音乐－礼仪－信仰的三角稳定关系在这类教会中并没有完美体现。音乐在福音派教会里担当了过重的角色，弱化了礼仪的能量，因此以美国为代表并辐射全球的福音派教会音乐潮流也愈发不可控地世俗化、现代化和流行化。无论大传统还是小环境，或东方主义或西方主义，或本土化或全球化，傈僳族和大花苗的教会所代表的仍是福音派教会的文化特质。在傈僳族和大花苗的教会中，人们可以欣赏宗教音乐本体的魅力并感受宗教体验之亲临感，却无法经验宗教体验之神圣感，因为福音派教会的音乐与崇拜神学观无法解决这个矛盾，藉此特别探讨千年的基督宗教大传统中音乐艺术与美的思考和问题。

音乐是所有艺术门类中最为抽象并且是唯一用耳朵来感受的，看不见摸不着的音符萦绕内心激发出无比真实的情感流露，优秀的音乐艺术成为人与人并且人与神之间沟通的桥梁纽带。基督宗教信仰的文本核心《圣经》中多次提到音乐在生活和敬拜上帝时的作用，教会历史上更是绝对重视音乐的功能，以至于常将它推到人类伦理代表的极限而反复地限制其发展，音乐与教会的爱恨情仇不断上演于历史和现实之中。

音乐美所赋予的感性特征成为教会领导者爱恨交加的对象，历史上的神学家总是一再规劝信徒不要把音乐或其他艺术本身当成敬拜对象，这些只是手段，只是服侍上帝的奴仆。教父时期的奥古斯丁感受到交织在内心对音乐美妙的极度感动和引发的肉体冲动从而走向堕落的惧怕，这种理智与情感的二元对立论深远影响了整个西方宗教对艺术的美学思想，他成为西方基督宗教美学永恒的奠基人。"每当听到你的那些赞美诗和短歌，我的心房被你的圣堂中一片和平温厚的歌声所融化，我便不住涔涔泪下！这种音韵透进我的耳根，真理便随之滋润我的心田，鼓动诚挚的情绪，虽是泪盈两颊，而此心觉畅然。"（保罗·亨利·朗 2001：33）奥古斯丁从未否认音乐带给他的欢乐与感动，但皈依天主教的个人生活和心路历程造成了他对音乐的态度是复杂矛盾的。他体会到音乐带来的肉体感官之一——耳的愉悦引发的审美体验能使人重新燃起信仰的激情，但同时也发现"心灵若为这种肉体的快感而萎靡，自然不好。但它却常常设陷阱诱捕我，因为肉体感官不愿陪伴理智，不愿依正常的顺序跟从理智，反倒是一旦获准去帮助理智，便争先恐后，一往直前。在这方面，我曾无意间犯罪，事后才渐渐有所意识……由此我徘徊在痴迷音乐的危险和所发现的音乐的益处之间，动摇不定……一旦感动我的是歌声而非歌唱的内容，我会承认我可悲地犯了罪，然后我就会宁愿不再听那歌声。"（奥古斯丁 2004：250）奥古斯丁彻底抛弃了人类体验的感官之美，并将之与崇拜上帝的艺术对立起来，这种典型意义的感性与理性的分割导致了日后教会在对待音乐艺术的态度上不断重蹈他的观点，并因此陷入永久的张力之下，这种分裂从未离开过西方教会。

基督教改革者马丁路德并不认为美与神圣之间有什么冲突，对他来说音乐之美是神圣的，是上帝赐予人类最美好的礼物，其地位可以与神学相提并论，运用的恰当甚至可以达到与圣经同等的效果。相对于同时代"音乐清教徒"的加尔文思想，路德宗最大限度地保留了天主教音乐礼仪中美好的传统，并使德国音乐积极发展，直至为后期德奥音乐的巅峰铺垫了道路。当代神学家内贝尔的神学美学巨著《美的事件》是路德宗美学传统的最佳神学阐述，"人是上帝的情绪，而且可以肯定，这种情绪不仅是欢呼，而且也是对终极的恐惧和对短暂的忧伤。这样一种情绪领域一旦封闭，美就会变得自给自足，从而变成了创造物疯狂的自我崇拜；但是，如果这一领域像在基督教艺术时代一样保持敞开，那么，它就可以用来凸现那位活生生的上帝，为了让人分享其神性，上帝走了下来，对人加以拯救。"（巴尔塔萨 2002：81）

今天基督教教会的领导人大多不具备美学的理解，也没有意识到宗教与艺术之间千百年来的裂痕修补正是当代基督教崇拜重建的关键所在，即使信徒人人心里相信口里承认他们的信仰，但崇拜上帝仍是需要技巧的，而人类艺术（不仅是音乐层面的）中真正理解美的美学是崇拜艺术至关重要的因素，人们可以在这条道路上更深地体会真善美的终极指向。"艺术与宗教，由于它们在起源、主要题材和内在体验方面这些深刻的同一性而归于统一。"（冯·O·沃格特 1999：103）神学家最怕教徒将音乐或其他艺术本身当成目的，从而忘却了敬拜上帝，尽管对美的体验与对上帝的体验非常不同，但其主要成分还是指向同一的，"显现、谦恭、生命力、启发、参与——这些构成了信仰体验，而这些又都能在美的体验中得到激发。"（冯·O·沃格特 1999：225）然而，当代的基督教训导者们仍然徘徊于这个问题之中，"教会领袖作决定时，不要因为美学的原因，乃是因为福音的缘故。我们要明白，神不会藉着现代文明所使用的那些短暂与肤浅的方式，向我们完全的显明。"（赫士德 2002：552）这段文字代表大多数当代基督教福音派的观点，前半句是历史的重演，再一次重申了形式与内容之间的冲突，我们不多论述。而后半句却提供了一个悖论，"现代文明所使用的那些短暂与肤浅的方式"所代表的低劣艺术性不正是缺乏关于美的认知以及对美的解构所造成的吗？因此对现代宗教人士有关美的认识要慎思明辨，在宗教中不应以警惕的态度来敌视美，简单地将它与信仰划清界限，而是如何完善它。

这里再次说明形式与内容之间不是水火不容的，基督宗教崇拜的内容一定是表达信仰的核心——福音精神，其形式是真正需要技巧和学习的。将其处于对立局面的思想（加尔文派尤为突出），走到今天也意识到艺术与崇拜上帝不可分割。因为真正的美与上帝无法撕裂，虽然美的体验不能提供最终的道德世界，但它与崇拜上帝的体验可以完美结合，艺术精神的宗教情怀正是它的终结归宿，接下来宗教体验由此展开。"对美的渴望是上帝赋予人性中的一种愿望……我不否认美丽的象征物具有危险性，但同时与其他展现宗教信仰和感情的物质性的手段相比，它们不但不危险，而且更为优雅动人。要是能把对美丽之物的爱降低为单纯的感官愉悦，那么对许多人说这种爱就是一种宗教灵魂，就是一种真正的崇敬精神。基督教徒如果能接受一种深刻的虔诚就好了，因为它会推动人们去美化教堂和一切要作为人们集中敬仰上帝的地方和环境。"（冯·O·沃格特 1999：216）

西方张力下生存的基督宗教音乐艺术问题很少在东方正教会中出现过矛盾对立的焦点，东方包容稳定和一贯追求神人合一的美学思想奠定了东正教的基本崇拜特征"美"，无处不在的美：金碧辉煌的圣堂、云彩般绚丽的圣像画、烟香弥漫的熏香仪式、祭司们华美耀眼的祭服、深富神学内涵的神圣典礼、回荡在上空的圣咏吟唱，一切都令人难以忘却。在正教会，音乐从没有剥离礼仪圣典发展为一门令人争议的学科，建筑、美术、音乐、戏剧因素等所有的艺术种类都配合感恩崇拜，成为完美的整体而达到东正教"在地若天"——在凡俗的尘世展现出天国荣美的基本神学美学思想，因为上帝在人间，与每个人同在，而正教会崇拜艺术的形式与内容就因此内外合一浑然天成，并将空间和时间的美发挥到了极致。"离开宗教的艺术会失去最重要的意义，而离开艺术的宗教则是丑陋不堪的。"（冯·O·沃格特 1999：126）在基督宗教崇拜艺术的层面，东方教会一千多年真正传承不变的礼仪中显现的神学与美学思想值得人们去深思，因为西方思想所指引的并不是唯一道路。

二、音乐与礼仪及其改革的意义

通过东西教会不同的礼仪观来说明，音乐与礼仪的关系及其改革的意义。礼仪是宗教阐述神学思想表达信仰生活的特型模式，是人们对所信对象的崇拜艺术。基督宗教中天主教和东正教被称为礼仪教会，基督教派别中的信义宗和圣公会也归属其类。这些宗派透过礼仪向人们叙述神学、历史和自身的传统。西方基督宗教的音乐在礼仪之内为神学服务，因为神学处于首要位置。早期教父承袭了古希腊人的观点，将音乐当作一门理性的科学，这种观点一直深刻影响了后世西方音乐发展的思维走向。宗教中的音乐如同中世纪认为哲学是神学的婢女之观点一样毫无疑问地归属于奴仆的行列，它的目的只有两个"荣耀上帝和启迪人类"（保罗·亨利·朗 2001：29），至今依然如此。在礼仪中的音乐要服从于神学之下，而音乐一旦超越理智迈向情感的边缘（这是艺术的本性），它的危机就出现了。因此拘于天主教会的思想限制之下，迈向高度发展的艺术音乐终于舍弃了教会，换句话说，教会无法容纳艺术音乐的生存空间越来越表达人的情感而不是思想上帝的动机，最初的分歧终于一发不可收，巴洛克时期之后的艺术音乐发展几乎是永久性地离开了西方教会。而 16 世纪宗教改革从天主教分离出来的基督教各派别，除了路德宗和英国圣公会保留了大部分礼仪和音乐的传统，以加尔文宗为代表的基督教各派完全抛弃了礼仪，至于音乐方面也是极尽精简，随后几百年的发展更是将音乐性格中的极简和实用主义发挥到顶点。今天满目林立的基督教各派仍然在为音乐与礼仪在宗教中的地位与作用争论不休，而天主教等礼仪教会在历史的剧烈动荡中最终以积极的调和态度保留了传统。

由于人们对东正教的认识欠缺，这里再次重申它的礼仪观。东方教会的东正教将礼仪的重要性超越了神学之上，这与西方教会有根本的不同。东正教判断信仰正确性的标准不是神学思想，而是礼仪。神学涵盖在礼仪之内，仪式中的每一个环节充满了强烈意味的象征含义和神学精髓。信徒们点燃蜡烛、亲吻圣像、画十字圣号；祭司们洒圣水、围绕祭台薰香；礼仪圣事中的恭送福音书、唱诵诗篇、迎圣体血的各种仪式，甚至是环绕于人们身边无言的圣像画、壁画、镶嵌画、回廊、教堂拱顶等每个细节无不在向人们展示它的思想和精神。除了简短的讲道、诵念经文信经等，所有声音的环节全部是音乐——无伴奏圣咏，它是一串精致的链珠将礼仪种所有的因素完美而优雅地连接起来。可以说，东正教徒是为他们的礼仪而活，因为礼仪蕴含了正教信仰的全部内涵，在崇拜中信徒们感受到荣耀的天国在人间，而拥有上帝正与每个人同在的真实体验，这一切都在东正教传统所营造的极致之美中全然体现。在这里，音乐同样是恭顺于礼仪之内，但却使人无法感受到哪一方面孰优孰劣，艺术的每个因素无法分离于东正教礼仪中的任何过程，音乐尤为突出，它的作用如此重要，但又不能将其独立出来进行剥离欣赏，因此人们进入教堂礼拜时才能强烈地感受到上帝与人合一并且将信徒圣化的境界。

20世纪基督教徒中的有识之士都开始着手音乐与礼仪的改革，人们发现过于程式化的礼仪很多时候成为一个民族身份和文化认同感的钥匙，虽然美好但会成为人们踏入门槛的障碍。而没有美感和艺术形式的教会，人们更不愿意坐下来聆听。最重要的是，成千上万分裂的教会并不是信奉基督的人们所愿意看到的。20世纪60年代，梵蒂冈第二次大公会议的召开使天主教迈向了历史上最为重大的礼仪改革，崇拜艺术回到了会众的手中。而松散的基督教各派别也有回应，但并没有向天主教那样统一规划。无论怎样，人们都意识到了礼仪改革和崇拜更新的重要性，它可以使新的一代进入教会坐在那里或听或唱来领略基督信仰的核心，也可以使旧的一代再次获得生命上的激励。

附录一：汉族乡村基督教音乐的田野考察

在乡村和少数民族教会里，我们发现了中西音乐文化融合的鲜明特征，如傈僳族和大花苗用本土唱法演绎的四部混声合唱欧美赞美诗。也发现了西方文化的彻底本土化，如华北汉族乡村教会的信徒将欧洲传统赞美诗《平安夜》演绎出民间小调的风格，或将经典赞美诗曲调填上与福音内容相关琅琅上口的乡村民谣。当民间文化与基督宗教这种异质的外来文化不可避免地相撞时，各种有意思的连结现象使我们意识到它得以延续发展的生存之道，也因此体现了其强大的生命力和包容力。汉族乡村信徒在城市、汉族乡村和少数民族地区这三大区域中人数比重最高，这也是改革开放宗教政策落实之后首先发展起来的一部分。相对城市而言，汉族乡村地区受西方和现代化生活方式的影响略少，因此基督教音乐在汉族乡村本土化的发展方式基本有三类：本土韵味演绎的欧美传统赞美诗；用欧美赞美诗曲调或民歌小调重新填词的诗歌（福音民谣）以及信徒受感自创的诗歌（灵歌）。

无论外来还是本土改编自创的诗歌，无一例外被乡村信徒们演绎成乡味十足的民间小调，庄严神圣的欧美赞美诗被人们多处添加韵腔滑音后面目全非，在乡民的眼中音乐并没有中西土洋的风格之分。除此之外，乡村教会广为流传自行改编的福音民谣，其曲调源自传统赞美诗或改编的中国民歌，歌词即是各地颇具民风特色的口头民谣，多为劝勉信徒、改邪归正、家庭和睦和认真信主之类的福音内容，特别反映出乡村传统价值观与基督教价值观相遇之后的张力与融合。灵歌是乡村信徒非常喜爱的种类，虽然几乎无人知道自己每日所唱的欧美赞美诗的作者是谁，但却对流传于本土教会中某位信徒创作的灵歌了解甚多，这是一种信仰经历和传教生活模式。灵歌多为信徒个人的信仰见证，一种有意思的现象是，文化程度低下的乡民比教育程度更高的信徒似乎更能颂唱自己的心声，他们的灵歌少则几十首多则成百上千首。在传唱或举行礼拜的过程中，个人在群体面前便以做见证的方式讲述自己的故事，藉此大大激励或感动其他信徒，这在很大程度上激发了乡村基督教的传播速度。

除了音乐上的本土表现外，乡村基督教艺术形式也丰富多样，各地都发展出本地特色的文娱福音活动：例如，福音快板书和三句半深受北方信徒的喜爱，人们自编自导将教义或劝勉的内容编成串词，在平时的聚会活动尤其在圣诞节和复活节的大型活动中进行表演，很多基督教网站也提供福音快板书和三句半剧本的下载服务。乡村锣鼓乐队和秧歌队同样是宣传福音的好工具，喜闻乐见的模式是，乡民口唱着赞美上帝的诗歌并扭动着大秧歌的舞步在震耳欲聋的锣鼓伴奏声中宣传信教的诸多好处，有些地方政府甚至将其当作本地主打的文化艺术特色节目参加地区文艺汇演。在南方，乡村信徒常把本地著名歌舞改编成福音歌舞，如广西某教会的《刘三姐》福音歌舞，有男女对唱（民族唱法）和群体扇舞表演，信徒装扮雷同剧照服装，此类节目颇受海外人士的喜爱。无论何种形式，汉族乡村这片广袤土地上所积淀的深厚民间传统文化，在与西方异质文明相遇时，通过自我调节功能展现出变通、灵活和宽容的生存之道，而文化本身强大的平衡能力，将没落的遗产注入生命力之后以新的方式流传下来。

第一节　河北省曲周县基督教堂献堂礼拜仪式实录

曲周县位于河北省南部，邯郸市东部 55 公里处，辖 4 镇 6 乡，临界河北、河南、山东、山西四省交界处。20 世纪初来自美国的三个不同差会将基督教传入该地区[14]直至解放前，解放后至文革期间教会停止聚会，80 年代宗教政策落实恢复宗教信仰，曲周县的基督教由此发展起来。虽然之前的历史鲜为人知，但当地很多信徒多为四代相传，上溯时间即 20 世纪初美国差会的进入

---

14 笔者访谈曲周县基督教会负责人郭民忠长老记录，据他搜集资料调查，这三个差
　会是：统圣会 1915 年、福音会 1912 年、宣圣会 191？年。

时期。截止 2003 年，曲周县信徒有 5－6 千名，建有教堂 5 所，固定聚会场所 5－6 间和一些零散的家庭聚会点。该县教会礼拜活动充满浓郁的乡村民俗和基督教传统混合的现象。

2002 年河北省邯郸市曲周县曲周镇南街村基督教堂举行新堂落成感恩礼拜，这是当地教会的一件大事。位于县驻地曲周镇的南街村教堂是全县最漂亮、容纳人数最多的一座礼拜堂，也是县教堂所在地。它是一座简化的仿哥特式尖顶建筑，外围墙面用红白瓷砖贴面，共有两层，占地 800 多平米，教堂外院是一座农家小院和一排用作办公的平房。据教会负责人郭民忠长老讲述，这座全县最高最漂亮的教堂是本地信徒和教会义工们一砖一瓦亲手盖起来，建成完工仅花费实材 20 余万元，费用全部由信徒奉献，泥沙砖石也是人们用自家拖车拉到工地。没钱买建材做奉献的信徒则把自家的油柴米面扛到教会，为赶工的人们生火做饭献上一份心力。这个蚂蚁搬家似的过程对本地信徒莫不是信心纯正的考验，因此当这些家庭年收入不足 2000－3000 元的信徒仅用一年时间看到教堂完工时，无疑感受到信仰上一次极大的激励。笔者从他们口里听到最多的话语是"教堂建成是上帝的手亲自做工，这是一个神迹，是恩典。"[15]

2002 年 3 月 21 日上午 9：15 分新堂落成感恩礼拜正式开始，首先举行主日礼拜。此时正逢复活节前夕，附近县村寨信徒和宗教领导届人士约有一千人左右参加，教堂内外挂满祝贺的锦旗和标语。一支军乐队在外院奏响音乐步入列队，一位男领队手持指挥棒面对乐队进行指挥，乐队编制有 2 面大军鼓、2 个大镲、2 个中镲和 4 个小镲、4 面小军鼓、6 支小号、1 支长号和 2 个大号。虽然是军乐队，但打击乐使用的并不是西洋军镲而是中国传统的锣镲，伴奏手法也是民间锣鼓乐的基本元素。在大小西洋军鼓和红绸穿绳的中式镲热烈的伴奏音型下，所有的铜管号嘴一齐吹响单声部主旋律。两遍之后列队完成，唱诗班成员入席站于军乐队的前排。继续一片鼓乐声中，从教堂内陆续走出牧师长老们列于唱诗班队伍之前。教堂外院的人群此时形成了一片庄严而混杂的景象：年长的牧师长老们身着黑色长袍，披挂红色垂直长条镶黄穗的领披，左手持黑色硬皮《圣经》肃立于教堂门前。构成鲜明对比的年轻唱诗班成员在其后两排站立，她们穿着白色长袍与红色三角尖领领披，每人手持一本红色硬皮简谱版《新编赞美诗》，笑盈盈掩不住脸颊边的两抹村

---

15 笔者访谈笔录。

红。军乐队在最后两排卖力地演奏，深蓝色军装的衣领处别有寓表圣灵的鸽子形状领花，男女分别配备蓝、红色领带。四周围观者大批灰布土衣前来观礼的老百姓，喜悦兴奋的气息弥漫在教堂四围。

鼓乐声暂停时，电子琴以颤巍巍的合成簧片琴音色弹响一段旋律，全体站立颂唱《诗篇100篇》，紧接着一位牧师面向教堂举起右手为献堂礼拜献上祈祷和祝福。此时开始进堂礼，一段鼓和镲的敲击前奏之后，乐队和诗班列队步入已坐满人群的教堂内会场，牧师长老们进场时，铜管号手们依旧在打击乐器的伴奏下吹响《新编赞美诗》中的《快乐崇拜歌》（原曲为贝多芬的《欢乐颂》，19世纪改编为赞美诗）。当主持人宣布主日礼拜开始时，一位牧师在讲台上宣召诵读《圣经》诗篇100篇，并与会众一起以启应的方式宣读《使徒信经》。在三架电子琴和一台架子鼓的伴奏下，唱诗班献唱《新编赞美诗》的《圣哉三一歌》。这是一首庄严的西方传统赞美诗，此时在架子鼓一成不变的快速节奏敲击和人们跳跃般的演唱下，速度和风格完全改变，俨然成为一曲乡村文艺宣传队的流行歌曲。

接下来，主持要求全体会众脱帽或摘去头巾低头闭目，献上感谢祷告，牧师在台上说一句，台下人群就集体大声而认真虔诚地回应"阿门"。祈祷完毕，全体启应诵念诗篇136篇，唱诗班以一首《今到主圣殿歌》回应歌唱。台上主持开始诵读经文一段，然后由一位牧师讲道。在场的会众无论男女老幼或仔细阅读手中的《圣经》或认真听牧师的证道，安静肃立。几十分钟的讲道结束时，唱诗班献唱一首民歌风格浓郁的赞美诗，全体会众在之后全体起立放大嗓门热情洋溢地开声高唱《诗篇150篇》，大白嗓的音色和充满滑音的装饰旋律顷刻充斥全场。以至于若不是在礼拜堂中，外来参观者可能会误认为这是一场民间歌会。一阵歌声过后，在一位长老带领全体祷告并共颂主祷文之后，牧师祝福祈祷。主日礼拜高潮部分是最后的一个歌舞表演节目，8个身穿蓝军装头扎粉红缎带的小姑娘在讲台上排成4队，比手划脚边跳边唱，表演着一首劝人信耶稣的歌舞，她们比划着简单的手语并掺杂乡村秧歌的舞姿，全曲结束时摆了一个千手观音的造型。在她们左边手靠近舞台边沿处，一个女领队手持话筒，边唱边向表演者挥舞着两拍子的手势。

当军乐队再次奏响时，下一个仪式开始。礼拜时身着圣袍落座的各位牧师长老此时全部西装或正装再次入席，并宣布"曲周县基督教新堂落成礼拜仪式开始"，话音刚落，鼓乐喧天应时响起。仪式的主题是到席各县市领导轮番上场做贺词或训导，持续了三四位讲话之后，在座的人们已有些分神，此时教堂外院人头攒动，义工们支起几口大锅煮上饭菜，教会食堂的馒头早已出笼。教堂内的仪式还在进行当中，七八位领导训词完毕，全体人员高唱《新编赞美诗》第 127 和 177 首，最后由一位工作人员向大家汇报建堂工作报告，所有的内容结束后，依旧在一片喧嚣鼓乐伴奏的《礼拜散时歌》中，结束了感恩礼拜，人们纷纷起身离座步出圣堂进入俗世的生活开始午餐。

这场新堂落成感恩礼拜综合了平常的主日礼拜程序和特别的新堂落成典礼两部分，因此多了一些诗歌和表演性的福音节目。曲周县教会主日礼拜的程序基本遵循中国基督教协会 1993 年出版的指南性《崇拜聚会程序与礼文》，全国各教会的礼拜程序均以此书为蓝本，除了地方教堂拥有一些各自的特色风格外，礼拜的基本仪式自 20 世纪 80 年代以来几乎没有调整或改革。曲周教堂的这场感恩礼拜是一场以讲道为核心的赞美会，整场仪式贯穿头尾的是《圣经》诗篇 100 篇这首称谢诗的精神[16]——呼招列邦敬拜上帝。笔者观察到这些朴素的乡村信徒进入教堂参与礼拜时，脸上充满了虔诚和幸福的表情，并能感受到他们在此卸去生活的贫困和心灵的重担，用所拥有的简单物质和大嗓门的歌声作为奉献来感谢上帝，这种真实感在城市礼拜中相对欠缺。

第二节　曲周县基督教堂音乐现象考查

军乐队和唱诗班是曲周教会音乐的两大代表，2002 年笔者赴曲周县采访，了解当地教会有一个突出的特色——教会军乐队（当地人简称"乐队"）。在调查后发现，乐队不仅存在于曲周县，整个邯郸市所有辖属县教会都有建制。它贯穿于教会的主日礼拜活动中，特别与普通信徒的日常生活息息相关。

据曲周教会负责人郭民忠长老讲述，官方统计河北省共有 40 万信徒，仅邯郸市信徒就占了 50%。教会军乐队起源于 20 世纪 80 年代，现在除了邯郸

---

16 《圣经》诗篇 100 篇：普天下当向耶和华欢呼。你们当乐意侍奉耶和华，当向他歌唱。你们当晓得耶和华是神。我们是他造的，也是属他的；我们是他的民，也是他草场的羊。当称谢进入他的门，当赞美进入他的院；当感谢他，称颂他的名。因为耶和华本为善，他的慈爱存到永远，他的信实直到万代。

市内 3 区以外，属下 17 个县市区全部拥有自己的乐队，有些堂区还不止一个，这个数目反映基督教在邯郸市的生存状况良好[17]。军乐队的存在与盛行突出了另一个问题——传统文化如何与外来事物的微妙融合，换句话说它是外来文明本土化的产物。军乐队最早在广平县、成安县两地开始流行，起因是一些信徒在办理婚丧嫁娶时遇到了问题。传统习俗邀请民间乐班吹手的方式被信徒们认为俗气且不入流，似乎也不符合教会的文氛围，不过当地信徒并不清楚正统西方教会的相关仪式是如何办理的，于是秉持一点对教会音乐的模糊理解，自然首选将西洋乐器，以展示庄重高雅、神圣感和上档次（俗称高大上）的教会音乐风格。军乐之所以成为首选，一方面满足了乡村信徒认为它能突出教会神圣高雅的氛围，另一方面，乐队的响亮热闹并不亚于民间鼓乐班，传统的仪式情感可以不变样地延续。因此，笔者看到的乐队演奏莫不是喜气冲天热闹非凡，全然不西方军乐队的演奏风格。但这种模式非常成功，当广平成安两县建立乐队后，邯郸下属的其他县村纷纷效仿，乐队演出综合性福音文艺节目，有乐器演奏、相声、快板、小品、唱诗歌、歌舞、甚至京剧和豫剧也用来传讲教义。

乐队的普及突出了当地教会重视音乐的程度，曲周县乐队归曲周基督教会管理，全县有两支乐队，1995 年组建时约有 30 人左右。上文提及感恩礼拜中演奏的是曲周侯村镇教会乐队，带领人为郭长老的弟弟。当时县教会的乐队尚未成立，如今已拥有逐渐壮大至 60－70 人的乐队，配有 2 名正队长，2 名青年姊妹副队长和 2 名中年姊妹副队长。县基督教会 2006 年曾提出口号"弘扬基督精神，构建和谐社会。"郭长老特别强调和谐、和睦、和好的一切前提都要建立在真正的基督精神之上，而建立乐队的目的在此口号之下有三个宗旨：荣耀上帝、传讲福音、为信徒办婚丧娶嫁。荣耀上帝是终极目的，传讲福音是重大节日、农闲时期和春节前后，在街头巷尾采用乡村喜闻乐见的综合文艺演出福音内容节目，切实贴近人民群众生活，这就是教会军乐队演奏类似乡村文艺宣传队的缘由。婚丧嫁娶时，婚礼如在教堂举办，乐队成员来多少算多少，如果在信徒家里举办，邀请多少去多少，一般是当晚去当晚回，由主办方管接送，没有报酬，乐队成员均为义工。这样比起民间乐班，首先在经济上大大节省开支，其次在档次上人们感觉提高很多十分涨脸。城市教会的婚礼情形类似，典礼仪式亲切朴素，服务人员全部为教会义工，受

---

17 很多乡村及城市地区，当地政府与教会之间的关系较为紧张，因此限制颇多。

邀者也不需要分送红包，从心理上自然感觉轻松愉悦。曲周教会乐队的出现完全替代了传统模式，在当地信徒的人生大事中扮演主要角色，以另一种表现形式衔接了传统文化在人们现代生活中的转化。可以说，无论是与社会发展的接轨，还是在群众生活的关怀上，曲周教会都有自己务实的眼光，乐队在此起到关键性作用。

乐队初成立时，在多方面有一个逐渐调整适应的过程，如制服问题，曾使用天蓝、白色、公安制服黄等颜色，最终敲定为深蓝色，由一位信徒自家缝制。这种色彩让信徒很满意，他们认为队伍整齐划一帅气漂亮。制服的肩章、领花和帽徽，从江苏苍南县的一处信徒工厂处购买，均为设计好的鸽子和十字架图案。现有的乐队编制为铜管乐器大号、中号、小号、拉管号（长号）和打击乐器大小军鼓和大中小镲系列。由于师资欠缺，乐队成员学习演奏由老队员教授基本方法，其余主要依靠平日自己练习，因此军乐队的演奏基本是单声部主旋律大齐奏，各种中低音号类靠齐高音主声部，并不具备音乐技巧和好的音色。相对来说学习打击乐则容易得多，在演奏中打击乐的大小军鼓一直保持基本的演奏音型，人们常把现有乡村锣鼓乐班的一些元素照搬或改编就可以熟练地在乐队中使用。在曲周县新堂落成感恩礼拜仪式中，军乐队头尾贯穿，其重要性十分明显。

除了军乐队，教会仪式的重要传统代表为唱诗班，它主要担当教堂礼拜的音乐崇拜。该教会唱诗班现有 30 人左右，总带领 1 名，班长 1 名，琴师缺乏。成员中年轻女性居多，但不具备较好的声乐和音乐表演基础，该教会每年派成员前往山东威海教会的培训基地进行学习，以此来提高整体音乐水平。中国基督教协会 1985 年出版的《赞美诗新编》是唱诗班的首选歌本，河南省基督教两会 1999 年出版的《诗篇全集》也是最受欢迎的诗歌本，其中大部分曲调由河南豫西一带信徒自己创作，加上一些传统中国风格的诗篇旋律，整本聚集了用诗篇 150 篇填词的全部乐曲，普通会众更是将《诗篇全集》作为个人灵修歌唱的挚爱。

第三节　曲周地区的灵歌和福音民谣

参与教会音乐崇拜的唱诗班或乐队在基督教神学中的定位是"音乐的祭司"，因此教堂音乐代表了教会中特殊人群的音乐水准和教会整体的最高音乐水平，但它并不完全反映普通信徒会众的音乐审美和艺术素养。会众赞美诗起源于 17 世纪的英国，简朴率真的词曲风格使所有人都能参与教堂音乐的演唱，自此会众音乐的走向基本奠定，并与唱诗班高雅深奥的繁复艺术风格并行至今。普通会众的音乐有一定的随意和风俗特性，基督教初入华时，部分传教士看到中国音乐五声音阶的特点，曾尝试教授民众学习风格类似的苏格兰或爱尔兰圣诗。不过大部分传教士的首选仍是欧美传统赞美诗，偶有一些人士改编或创作中国本土音乐风格的赞美诗。会众赞美诗在中国多年尝试发展出经典欧美赞美诗、部分旧时用民歌改编的赞美诗和乡村福音民谣和灵歌等几类形式。前文中笔者解释信徒受感动自创的诗歌称灵歌，用西方赞美诗曲调或民歌小调重新填词的诗歌为福音民谣。这两种民间的教会音乐形式表现了乡村信徒的心灵生活，旋律上体现了各地的民间音乐风格，歌词内容上特别反映传统价值观与基督教价值观之间的融通。

一、曲周地区的灵歌

灵歌是信徒的信仰心声，是鲜活流动的讲道稿和个人见证故事集，因此歌曲多抒情委婉，歌词通俗亲切贴近日常生活，相对系统繁复的神学思想灌输，灵歌在乡村地区的传教果效更佳。2003 年 9 月笔者采访了曲周县几位女诗歌能手：曲周县侯村镇侯村教会传道人牛淑琴、安寨镇南阳庄村党紫花及全家、永年县豆下乡张下乡村家庭聚会处黄秀珍、黄莲蓉和张恩荣等，她们的年龄在 65－78 岁之间，所唱的灵歌从演唱方法到词曲风格上凸显教会音乐乡村本土化的特性。

曲周县候村镇侯村教会传道人 65 岁的牛淑琴，是上文中提到曲周教会负责人郭民忠长老的母亲，四代信徒，性格爽朗有很强的表现欲。笔者和一位随行的姊妹进入侯村教会时，老人已站在村头笑吟吟地迎接我们，人刚落座，她立即开始讲述自己的见证。在缺医少药的地区，医病是乡村百姓愿意皈依的重要原因，牛淑琴也不例外，她年轻时曾经吐血三瓦盆，但不吃药打针而恒切向上帝祷告，结果奇迹般痊愈。在讲述过程中她随时歌唱起来，嗓音虽沙哑但热情非凡，短短两小时的采访十几首诗歌脱口而出。这就是她传道的方式，也是典型的基督教传教模式，用亲身经历告诉别人自己的故事，同时劝勉人们赶快皈依。

由于长年向乡村百姓传道，牛淑琴唱的诗歌多是教育类歌曲，或与劳动相结合的劝勉诗歌，充满田间野趣颇具乡村特色。《农夫歌》是她跟父母学唱的，内容讲述的她小时候教会中张贴的一张画，描述一个农夫在田间干活，旁边有一只手指向这个农夫，寓意如果没有农民的辛苦劳作我们没有吃穿，虽然并不直接挂钩宗教内容，但依旧是乡村教会进行会众教育的内容之一。

　　　　《农夫歌》歌词（谱略，孙晨荟记录）：

　　　　　穿的是朴素衣，吃的是家常饭，

　　　　　腰里掖着擦脸布，头戴草帽圈。

　　　　　手拿农作具，日在田野间，

　　　　　受的辛苦与风寒，功德高大露天。

　　　　　农事完得积极纳粮捐，

　　　　　公粮缴纳完，自在心神安然。

　　　　　事工伤病请示咱请示咱，

　　　　　无有农夫谁能活天地间。

　　《万物生道歌》是一首非常有趣的分节歌，旋律简单通俗，歌词采用自然界中的万物规则来借喻信仰生活中的内在含义，极富生活情趣。从文学的角度说，每段歌词充满趣味和音韵，正是民间歌谣的基本特征，其浓郁的乡土气息和朴素意识的韵律充满了使歌曲充满活力。

谱例附录一－1：灵歌《万物生道歌》

万物生道歌

牛淑琴演唱
孙晨荟记录

1、应当效法老母鸡，殷勤地下蛋又抱鸡，千万别效法大公鸡，坟头打鸣不抱鸡不抱鸡。

2、应当效法小蜜蜂，殷勤做蜜叫人用，千万别效法黄马蜂，不走针不做工不做工。

3、小小（的）羊羔真洁白，每逢吃奶头碰怀，双膝跪着咂出奶汁来，欢喜跳舞叫妈来叫妈来。

4、小牛吃草口嚼磨，头上无角不拉磨，蹄分两瓣跳舞真快乐，口中哞吗如唱歌如唱歌。

5、人套老牛去拉磨，乌鸦抓枝屋头说，拉来来去老牛忍耐着，拉到老死卖肉多卖肉多。

6、蜘蛛拉丝空中多，小小的飞蛾要经过，不知不觉进到王堡国，虫儿迟早不能活不能活。

7、萝卜种子洒地上，白身绿叶往上长，人把萝卜刀切熬菜汤，叫人吃了气顺当气顺当。

8、秋天（的）庄稼捆子多，吱啦吱纽同唱歌，秋天庄稼捆子不趴着，背着颈子唱灵歌唱灵歌。

从字面看，除了最后一句，整首歌似与信仰关系不大，但歌曲表达的是字面之后的引申意义，如第六段蜘蛛拉丝套住小虫，是为了说明人如果掉进魔鬼的网罗就不能存活。该曲生动活泼却又意味深长，有鲜明的教育效果。

除了与农田生活相关外，灵歌的内容多是劝导人们之间相亲相爱互相忍让，因此很多家庭矛盾在信徒家中多能平和化解。《忍耐歌》是乡村老信徒易为生活琐事生气，编出纺棉花时为劝戒自己而唱的歌，歌词结合教义劝导效果甚佳。

> 灵歌《忍耐歌》（孙晨荟记录，谱略）：
> 惟有忍耐好，惟有忍耐高，
> 忍耐能得救，是耶稣之教；
> 所以我不愁不烦恼，是非不和人计较；
> 人家骂咱不还言，人家骂咱快快跑；
> 天父的大爱我们得着了，求主帮助忍耐好。

赞美和感恩也是灵歌的主要内容，尤其是学会无论何事都感恩，是信仰操练的重要目的。现实的生活无论贫穷，灵歌中都表露出感激之情，但死后进天国的盼望对乡村信徒具有更大的影响力，灵歌《恩主耶稣真正好》就表达出这种明显的情结。

曲周县安寨镇南阳庄村75岁的党紫花，是县教会推荐嗓音最好的一位老人，她吐字清晰，虽音量不大但音色甜美，会唱很多诗歌，并经常自己感动唱出灵歌。对她影响很深的一首诗歌缘于她年轻时的信仰经历，由于曲周县区大部分是从小皈依或家传二、三代的信徒，因此党紫花对自己28岁才悔改

谱例附录一－2：灵歌《恩主耶稣真正好》

恩主耶稣真正好

牛淑琴演唱
孙晨荟记录

信教时学会的诗歌最为喜爱。《可叹信主已经多少年》道出了这位老信徒的心声，歌曲演唱得颇有小戏韵味，演唱过程中她哽咽动情地说"耶稣没罪却为我钉死了，他没有罪却要受这样的苦，我一想到就特别难受。"在演唱过程中她非常投入，但从不带表演成份，仅是叙述和见证自己的人生故事。

谱例附录一－3：灵歌《可叹信主已经多少年》

可叹信主已经多少年

党紫花演唱
孙晨荟记录

灵歌最重要的特点是突出"灵"字，信徒向上帝祈祷求赐给心中感动的歌曲。前文中提到河南信徒创作一千余首的《迦南诗选》，绝大部分就是通过此种方式哼唱出来，这就是信徒常说的"受圣灵感动"。党紫花给笔者唱了一首自己的灵歌，创作过程是她某次祷告完求上帝赐给她一首歌，次日周六上午早起做饭时《俺家里有耶稣》就脱口而出。这首灵歌词曲配合较为流畅，结构工整琅琅上口。

谱例附录一－4：灵歌《俺家里有耶稣》

俺家里有耶稣

党紫花词曲、演唱
孙晨荟记录

1、俺家里有耶稣，他给我祝大福，赐给我平安心满足，灵快乐不管穷和富，灵快乐不管穷和富。

2、弟兄姐妹们，赶快发热心，因为时间不等人，叹世界真那么天国近，叹世界真那么天国近。

3、天国真是好，不努力到不了，丢掉万事跟主跑，到天国谁也比不了，到天国谁也比不了。

4、投靠了主怀里，天使护卫你，各样灾难并不临到你，因为你是一个听话的，因为你是一个听话的。

5、本来不怀疑，结果害自己，肉体受苦灵魂下地狱，到地狱痛苦是永远的，到地狱痛苦是永远的。

党紫花演唱时，同是信徒的儿子、媳妇和孙女围观过来，他们也十分喜爱唱诗，当老人演唱完毕，全家一起颂唱了几首河南曲风浓重的诗篇歌，相比起老人，年轻人的歌声和感情则响亮欢快了许多。

75 岁左右的黄秀珍、黄莲蓉、张恩荣，是临近曲周县的永年县豆下乡张下乡村家庭聚会处的三位信徒，由于老人腿脚不便在本村屋内自行聚会，起初参加的人数很少，但她们为教会的发展勤于虔诚祈祷，除了家务和田间劳作外，每天聚会的时间还有四次：晨更 4 点至 5 点半、午前 10 点至 12 点、午后 2 点半至 4 点半、晚上 8 点半至 10 点。现在这个聚会处已有几十位邻里村落的信徒，虽然物质条件匮乏，但他们的脸上明显带有幸福自豪的表情。在这间简陋的堆满玉米垛的砖瓦房教会里，老人们齐唱了一首流传很广的传统灵歌《耶稣二十苦》。传统中的苦路有十四处分别描绘耶稣背着十字架经过加略山的痛苦过程，这首二十苦的灵歌即以十四苦路的耶稣受难为主线将他的一生娓娓道来，五言押韵的民谣用中式叙述的方式唱完了信仰内容的核心。

谱例附录一－5：灵歌《耶稣二十苦》

灵歌《耶稣二十苦》

黄秀珍、黄莲蓉、张恩荣演唱
孙晨荟记录

1、耶稣受的苦，我们要记住，日夜里思想，必定有帮助。

2、一苦是贫穷，耶稣住马棚，呼呼的北风，吹的浑身疼。

3、二苦是禁食，旷野四十日，主与鬼交战，连饭也不吃。

4、三苦是勤劳，连跑带呼唤，儿女们回吧，危险快来到。

5、四苦是忙碌，三九或中伏，耶稣去传道，风雨不能阻。

6、五苦受逼迫，文士撒都该，每日间商议，商议把主害。

7、六苦是藐视，拿撒勒人士，常说主是个，木匠的儿子。

8、七苦是被卖，犹大心真坏，耶稣他不要，要钱三十块。

9、八苦是圣餐，葡萄汁带饼，亲爱小子们，要把主纪念。

10、九苦是园里，汗如大血滴，主三次祷告，成就父旨意。

11、十苦受捆绑，差役带刀枪，他捉拿耶稣，像捉贼一样。

12、十一苦西门，救主最伤心，众人们面前，三次不认主。

13、十二苦拳打，耶稣受欺压，众门徒想想，这爱大不大。

14、十三苦手掌，众人心不良，他竟敢伸手，去打生命主。

15、十四苦鞭打，血肉一齐下，冷淡的门徒，还要犯罪吗？

16、十五苦荆冠，戴在主头上，头额两鬓角，都被刺扎烂。

17、十六苦被钉，鲜血往下倾，十字架底下，眼看一滩红。

18、十七苦老母，大放悲声哭，所以主把她，交给亲爱徒。

19、十八苦以利，连连呼上帝，为什麼现在，离弃我了呢？

20、十九苦断气，主把头一低，亲爱的父神，灵魂交给你。

21、二十苦肋旁，兵丁刺一枪，十字架底下，像泉源一样。

22、二十苦唱完，总要记心间，我还有本份，我要快去传。

二、曲周地区的福音民谣

福音民谣在流传程度上没有灵歌广泛，但颇具地方特色。牛淑琴演唱的福音民谣《去假神》很具代表性，原曲名为《耶稣爱我》（Jesus loves me, this I know）是美国福音音乐家布雷德伯里 1862 年专为儿童主日学所写，他是美国主日学赞美诗的发起人，歌词由美国女作家安娜·沃纳 1859 年在西点军校查经班时创作。这首赞美诗在 20 世纪上半叶的欧美教会十分流行，它的创作和演唱风格对后来美国白人福音音乐的发展产生深刻影响。当今世界各国的赞美诗歌本中，大部分选有这首《耶稣爱我》歌，是家一首家喻户晓的经典赞美诗。牛淑琴演唱的福音民谣，是用《耶稣爱我》曲调填入民谣特色歌词的全新版本。曲调已加上浓重的滑音，是演唱者配合歌词特别强调告诫听者作为加强语气之用，唱起来淋漓爽快令人印象深刻。在某些歌词处乐谱被改动，如第五段歌词第七小节处"南海大士往外掀"，八度大跳落下回升的唱法颇具河南豫剧风范，老人唱到此处时情不自禁地挥手顿脚比划动作，加上音乐有力的铿锵配合，让听者感觉唱这一句时，她往外掀得十分过瘾。

谱例附录一－6：美国赞美诗《耶稣爱我》与福音民谣《去假神》

《耶稣爱我》歌词

1、耶稣爱我万不错，因有圣书告诉我；凡属我主众小羊，虽然软弱主强壮。主耶稣爱我，主耶稣爱我，主耶稣爱我，圣书上告诉我。

2、耶稣爱我舍性命，将我罪恶洗干净；天堂荣门替我开，把他小羊引进来。主耶稣爱我，主耶稣爱我，主耶稣爱我，圣书上告诉我。

3、耶稣爱我永不忘，永不离开他小羊；白日遭难主搭救，黑夜睡觉主看守。主耶稣爱我，主耶稣爱我，主耶稣爱我，圣书上告诉我。

4、耶稣爱我爱到底，爱我罪人真希奇；倘若生前我爱他，死后领我到他家。主耶稣爱我，主耶稣爱我，主耶稣爱我，圣书上告诉我。

福音民谣《去假神》歌词（孙晨荟记录）：

1、再三劝你（是）你不听，见了财神（你）就鞠躬，先烧元宝（你）后烧纸，随后就把包子呈。你加福给我，你加福给我，你加福给我，日子全凭你过。

2、噗通跪在地头皮，叫声财神你是听，初一十五来上供，为了你把福禄增。你增福增福，你增福增福，你增福增福，以后总有补护。

3、叫了十声（你）十不应，财神你真把我坑，糊弄儿孙糊弄我，糊弄上辈老祖宗。你一毛不拔，你一毛不拔，你一毛不拔，回回把我坑傻。

4、提起（了）财神好心伤，再要提起恼得慌，上前撕个稀糊烂，豁出和你过过堂。你不够朋友，你不够朋友，你不够朋友，以后没交往头。

5、撕了财神撕狐仙，抓住关公扔外边，厨房屋里掏灶王，南海大士往外掀。撕（了）个粉烂碎，撕（了）个粉烂碎，撕（了）个粉烂碎，以后不招魔鬼。

这首《拜假神》的内容是针对乡村中最普遍的拜偶像问题，这是基督宗教信仰的大忌[18]。一些乡村信徒即使皈依基督教，仍难避免在家中摆神像求拜的旧习俗，因此这首歌用通俗易懂的口语劝戒人们，主题虽然是教义中禁忌偶像的严肃问题，却从乡村百姓功利主义的角度陈述这些假神的无用之处，贴合乡民的思维方式。

在牛淑琴演唱时，陪同的颜如香突然脱口而出一首纺棉花调《求、求、求圣灵》，其歌词曲简单结构工整，琅琅上口令人印象深刻，与纺棉花时转动纺轮的节奏一致，适合乡村妇女信徒劳作时学习，同时也表达个人祈愿的心声，此类歌曲多是从老辈或其他村流传过来。

灵歌与福音民谣在信徒的眼中没有差别区分，仅是笔者作为分类在此提出的观点。乡村信徒鲜有人识谱，教会墙皮上贴的是歌词大字报，人们手里拿的是诗歌词手抄本，无一例外地都没有乐谱，所有的诗歌几乎都装在人们

---

18 圣经十诫条文之二"不可为自己雕刻偶像……不可跪拜那些像，也不可事奉它，因为我耶和华你的神是忌邪的神……"，明文指示基督教徒不可以崇拜人手所塑的偶像。

谱例附录一－7：福音民谣《求、求、求圣灵》

腹中，文字的提示仅为了记忆和流传的便利。人们似乎对旋律不太在意，好听熟悉或贴切流畅即可，诗歌的内容才是重点，这正是基督教会众赞美诗的一大特色。无论是自行创作的灵歌还是改编填词的福音民谣，都能发现其本土化特征，即用中国民谣歌词和民间装饰滑音风格的旋律线条，旋律中西或自创都被演唱出韵味十足的滑音风格，歌词虽是教义伦理却充斥着民间的思维模式。但这些并不能被持相同信仰的城市信徒接受，因此灵歌和福音民谣主要反映乡村信徒的生活方式。

曲周地区的基督教音乐在基督教文化本土化进程中具有典型意义，以军乐队为代表的教堂音乐和以福音民谣、灵歌为主体的会众诗歌基本体现了乡村教会音乐的风格。在基督教百年本土化的历程中，西方文化的烙印使其一直无法脱去洋教的烙印，今日城市教会尤其体现了洋味和流行味十足的音乐文化并愈演愈烈。秉持相同的信仰，进入乡村地区却是另一个世界，久违的民间土腔演绎着西方经典作品，田野村头的歌谣小调也能颂赞上帝，鼓镲小号中西混杂让人们不亦乐乎。

附录二：汉族城市基督教音乐的田野考察

第一节　当代北京教会音乐与崇拜概况

一、当代北京基督教发展概况

北京地区的基督教作为中国城市教会的典型代表案例，其未来的发展越来越引起各界人士的广泛关注。北京市城郊地区建制教会[19]所属教堂共 15 所，分别为海淀教堂、朝阳教堂、丰台教堂、缸瓦市教堂、南苑教堂、宽街教堂、怀柔教堂、崇文门教堂、延庆教堂、南口教堂、顺义教堂、珠市口教堂、通州教堂、大兴教堂和燕京神学院堂。其中城区的朝阳教堂和丰台教堂分别是 2003、2004 年新建 2005、2006 年开堂的新增堂点，近郊的怀柔教堂 2006 年始建 2007 年底投入使用，延庆教堂 2005 年奠基 2007 年使用，神学院堂主要是燕京神学院内师生的聚会场所。市区内人口最密集、信徒比例最高的海淀、朝阳、西城、东城四区，每片辖区有一至两个教堂，虽然大部分教堂的周日礼拜从原来的一、两堂增至三、四堂（不包括英文聚会），但相对迅速增长的信徒人数来说，固定聚会场所的接待量仍是有限，城区内普通信徒

---

19 "建制教会"与"非建制教会"更客观合理、更学术性地替代了人们普遍说的"三自教会"和"家庭教会"，因为二者的区别实质在于是否建立在中国现有的政治──宗教体制之内。转高师宁《当代北京的基督教与基督徒──宗教社会学个案研究》p76 脚注 7，香港：道风书社，2005。

可以经常参加活动的教堂仅是全市 15 个堂点中的 5、6 个。为方便信徒，各教堂也开办了一些附属本堂或其他区域的聚会点，如海淀教堂开办中关村、西北旺、清华东路等若干聚会点、丰台区 60 余个聚会点、房山区一个聚会点、密云区一个聚会点等，但总体数量不多，并且与大教堂比起来，这些地方中老年信徒占多数，较难吸引年轻人。这种供求关系不足的现象，导致很多的信徒自发组办聚会。

当信徒人群结构逐渐发生变化时，现有教堂聚会的弱点也逐渐显露出来。改革开放之后，中国基督教的发展从文革时期几近销声匿迹的状态步入快速反弹的成长期。20 世纪 90 年代，信徒的构成模式发生变化，城市大学生、年轻知识份子和都市白领阶层所占的比例日益增加，逐渐改变乡村地区信徒比重大并且三多（文盲多、女性多、老人多）的现象。改变的结构群体对教义理解的正确性和宗教信仰的认同度不再雷同与老一辈，出于对理性的认知、心灵的深思和日益被瓦解的社会道德的重构期盼形成了这一代信徒的主要特征，不过良莠不齐的现象依旧存在。新一批的信徒渴求更深层面的信仰理念和群体交往，而教堂聚会由于地域的局限性、崇拜的程式化、教牧人员的水准问题、宣教的被动和互相交流相对缺乏等各种原因，造成他们信仰上的需求空白。其中一部分信徒从信教初始成长于非建制教会——家庭教会或团契聚会点之中，因此自由简单且平易近人模式的教会成为北京信徒增长速度最快的团体，究竟现有多少个这样的聚会点和团契，其中又有多少信徒，我们不能准确估算。信徒比例中增长速度最快的是在校大学生群体，以海淀区为例，这片区域聚集了北京最优秀的多所高校以及高科技发展中心，辖区内几乎每所高校中都有一定数量的信徒学生，建制教会中的牧养后备力量基本无法触及和顾及他们对信仰知识和团体关系的需求，并且由于社会环境所致对社区性或学校性公开宗教活动的禁止，这些高校中就存在了不止一个的中小群体团契聚会来满足他们的宗教信仰生活。

随着信徒人群的增长，各大教堂内的活动也有了蓬勃发展，处于灰色地带的非建制教会却是增速最快的一部分。总体而言，这种状况并不仅存于北京地区。中国基督教的发展重心随着社会经济的发展和城乡结构模式的改变等诸多原因，正在从 20 世纪 80 年代的乡村教会发展而逐步转移到现今的城市教会复苏，而建制教会与非建制教会的并存模式正是中国当代基督教发展所面临的课题。

二、北京教会音乐与崇拜现状概述

自 1807 年英国伦敦会传教士马礼逊将基督教传入中国后，欧美各差会纷纷派出自己的传教人员来到中国开拓市场，他们所具备的不同差会背景反映了基督教教派众多的特点。北京是外国人传教的集中地，自然成为多宗派汇集的城市。

> "基督教各差会在北京的传教分布有其特点，东城主要为公理会的领域，南城主要是卫理公会的地盘，圣公会主要在西城，长老会则在北城。1958 年北京实行不分宗派的联合礼拜时，所保留的东西南北四座教堂仍然体现了各宗派各在一方的特点，除北堂——宽街堂原为基督徒聚会处外，其他的分别为东堂——灯市口堂——公理会建，西堂——缸瓦市堂——伦敦会建，南堂——珠市口堂——卫理公会建，换言之，多宗派在北京分部的特点一直延续至文化大革命之前。"（高师宁 2005：69）

曾驻扎北京的外国差会远不止这些，那些不同的差会宗派都拥有自己的一套神学理念和礼拜模式。在基督宗教的历史上，音乐与崇拜的模式表现出正式、专业化与自由、非形式化的两大区别，不同教派的神学思想指引各自的音乐与崇拜风格呈向多元化和世俗化，大部分派别都拥有自己的一套诗歌，它们大致分为古礼仪教会（东正教和天主教）和自由教会（基督教多个派别）传统的崇拜。不过基督教的教派中也有高度重视礼仪的教会，如信义宗和圣公会等。20 世纪上半叶的北京基督教也呈现出一片门派林立、崇拜多样化的景象，但随着文革的洗荡，外国宗派的文化背景与崇拜传统在北京各堂基本销声匿迹。当今的中国基督教并不具备欧美背景的崇拜文化传统，因此各教会在基本统一的固定模型下慢慢发展出本教会思想意识倾向的风格。现今北京各建制教会的神学建设和崇拜崇拜的方向性已基本趋向联合一体化，中国基督教协会 1993 年出版了指南性的《崇拜聚会程序与礼文》一书，这本书中前言说明希望能竭力兼收并蓄不同的崇拜传统和信仰特点，北京各教堂的主日和重大节日的礼拜程序基本以这本书中提供的模式为蓝本。我们通过实际考察来大略地观察北京教会的音乐与崇拜状况，以建制教会的崇文门教堂和非建制教会的 L 聚会点为例。

第二节　建制教会与非建制教会的音乐与崇拜概况

一、发展中的音乐与崇拜－崇文门教堂

崇文门教堂是北京最古老的一座基督教教堂，始建于 1870 年，1904 年重建落成，1982 年圣诞节恢复宗教聚会，2001 年重新修缮。教堂占地面积 8246 平方米，内部分正、副两堂共设座位七百多个。每周的主日礼拜约有五千多信徒参加，分早、晚三堂礼拜和下午一堂朝鲜语礼拜，平日里还有不同的聚会和学习班。现有大唱诗班、青年唱诗班、女子唱诗班和朝语唱诗班。教会不定期举办音乐培训，专业音乐院校的师生都曾担任过该堂的伴奏琴师、指挥或独唱合唱人员。[20]笔者 1995 年作为中央音乐学院大学二年级学生参与崇文门教堂的礼拜聚会和担任唱诗班女中音声部人员为时一年，时任的指挥即是同校指挥系的学生，伴奏为本校钢琴系教师。2001 年－2008 年期间又多次参与崇文门堂的主日崇拜和圣诞聚会，此时的伴奏和指挥为本校附中作曲系教师和大学钢琴系教师。在这 10 多年期间，该堂的礼拜程序基本没有改动，通过 2001 年和 2007 年的圣餐主日礼拜程序、1995 年和 2002 年圣诞烛光圣乐崇拜程序的对比，我们可以大致了解该教会音乐与崇拜的发展状况。

　　A、北京崇文门教堂圣餐主日礼拜程序单：

　　a-1：2001 年 11 月 4 日圣餐主日礼拜程序

　　　　1、静乐——众坐静默

　　　　2、宣召：诗篇第 63 篇 1-4 ——众坐静默

　　　　3、歌诗：赞美诗第 7 首——众立同颂

　　　　4、主祷文——众立同诵

　　　　5、启应经文：诗篇第 119 篇 1-16——众立同诵

　　　　6、歌诗：赞美诗第 349 首——众立同颂

　　　　7、祈祷——众立

　　　　8、读经——众坐

　　　　9、献诗：唱诗班、青年唱诗班——众坐

　　　　10、证道——众坐

　　　　11、报告——众坐

---

20 以上资料来源于北京崇文门教堂官方网站。

12、歌诗：赞美诗第 238 首——众立

13、圣餐礼：认罪祷文、感谢祷文——众立同诵

14、祝福——xxx 牧师

15、祝福颂

a-2：2007 年 11 月 4 日圣餐主日礼拜程序

1、静乐——众坐静默

2、*问安礼——众坐*

3、宣召：诗篇第 96 篇 1-7——众坐静默

4、歌诗：赞美诗第 2 首——众立同颂

5、主祷文——众立同诵

6、启应经文：诗篇第 32 篇 1-11

7、歌诗：赞美诗第 346 首——众立同颂

8、祈祷——众立

9、读经——众坐恭听

10、献诗：大唱诗班、女子唱诗班——众坐

11、证道——众坐

12、*宣信（使徒信经）——众坐*

13、报告——众坐

14、*平安礼——众立*

15、*歌诗：赞美诗第 356 首——众立同颂*

16、圣餐礼：认罪祷文、感谢祷文——众立同诵

17、*歌诗：赞美诗第 392 首——众立同颂*

18、祝福——众立静默

19、*阿门颂——众立静默*

通过这两张程序单，我们可以看出在 6 年内，该教堂的崇拜程序上只有略微的调整增加，2007 年程序单中多出来的部分用斜体显示。仪式的头尾添加了问安礼和平安礼环节，中间加入了使徒信经部分以增强会众对信仰的告白，将最后原本的祝福颂改成了阿门颂，以达到前后呼应全体同声所愿的完美结束。即使这些增添的细节部分是非常微小，从时间上来说更变也是相当缓慢的，但依旧说明了崇文门教会的崇拜程序在迈向进一步的崇拜仪式化。

　　崇文门教堂由美国的卫理公会所创立，是北京的一所涉外教堂，美国总统乔治·布什和克林顿、英国坎特伯雷大主教乔治·凯瑞都来此做过礼拜，每周的主日还会有不少的外国信徒和领事馆人员前来礼拜，国际交流活动也相对其他的教堂频繁。另一方面，随着宗教政策的进一步开放，中国神职人员前往欧美等国学习交流的机会越来越多，了解更多的神学知识和文化背景也有助于提高教牧人员的专业素质，而这一切将促进教会发展更为专业化和系统化。因此对于教会崇拜层面来说，无论是对外形象的树立和教会自身的发展，崇文门教堂的崇拜倾向更为仪式化、正规化是必然的。

　　这两张程序单反映的另一问题是，虽然基督教任何一个教派的崇拜程序有稳定不变和利于传承的一面，但其仍然轻视礼仪的作用。基督教不同与天主教和东正教此类古礼仪教会，它的崇拜核心是证道——传讲上帝的话语，因此崇拜中礼仪所起到的调节个人情感、提升神圣体验和拓展空间敬拜等优势相对被忽略，崇文门教堂主日礼拜程序在 6 年期间仅做了细微的调整也证明了这一点。

　　除了崇拜方面，两张程序单所体现会众音乐的情况更为突出。会众所用的唱诗本是 1983 年中国基督教协会出版的《新编赞美诗》，这本诗歌收集赞美诗 400 首，2/3 为西方两百年前的传统经典圣诗，1/3 为国人新创诗歌，最近的一首赞美诗为上世纪 80 年代所创作，现今全国各大教堂均通用这本歌集。笔者 1995 年参加崇文门堂的礼拜，颂唱的歌集就是这本《新编赞美诗》，2008 年再去礼拜堂仍然颂唱同样的赞美诗，两张程序单也反映出这样的事实，虽然前后略有增加诗歌，但却长年如一日地演唱相同的内容。事实证明，中国基督教两会自 80 年代出版的《新编赞美诗》之后，多年再没有出版一本具有代表性的综合性新编歌集。这一方面反映了教会音乐的稳定性，另一方面体现了中国教会众音乐发展的滞后程度。那么代表教堂音乐水准的唱诗班的音乐情况又如何？我们通过以下两张程序单来进行观察。

　　B、北京崇文门教堂圣诞烛光圣乐崇拜程序单：

　　b-1：1995 年 12 月 24 日（星期日）、25 日（星期一）晚七时

　　　静乐

　　　唱诗班进堂：进堂歌－第 76 首《齐来崇拜歌》

　　　始礼圣乐：唱诗班合唱《主在圣殿中》

　　　宣召：诗篇 100 篇——主礼牧师

歌诗：第 75 首《普世欢腾歌》——会众

祈祷——主礼牧师

读经：路加福音 2：8-20——主礼牧师

歌诗：第 73 首《圣诞佳音歌》

献诗：《赞美耶和华》、《平安夜》、《上帝爱世人》——唱诗班

读经：约翰福音 3：16-17——主礼牧师

献诗《圣诞钟声》、《睡吧、小耶稣》、《小伯利恒》——唱诗班

读经：哥林多后书 5：17；马太福音 5：13-16——主礼牧师

献诗：《以马内利》、《是爱》、《新的一天》——唱诗班

证道——牧师

默祷（静乐）

歌诗：第 74 首《新生王歌》——会众

读经：马太福音 1：18-23——主礼牧师

献诗：《亲爱主，牵我手》——唱诗班

读经：马太福音 2：1-12——主礼牧师

献诗：《你真伟大》——唱诗班

读经：启示录 19：5-6——主礼牧师

献诗：《哈里路亚》、《荣耀归神》

祝福——主礼牧师

祝福颂——唱诗班

b-2：2002 年 12 月 24（星期二）、25 日（星期三）晚七时

始礼序曲："弥赛亚序曲"、"主是我一切"——琴师

唱诗班进堂：进堂歌：赞美诗第 76 首《齐来崇拜歌》——众立

始礼圣乐：赞美诗第 396 首"主在圣殿中"——唱诗班、青年唱诗班

宣召：诗篇 100 篇——主礼牧师

歌诗：赞美诗第 75 首"普世欢腾歌"——会众

祈祷——xxx 牧师

读经：路加福音 2：8-20——主礼牧师

献诗："平安夜——唱诗班、青年唱诗班

歌诗：赞美诗第 83 首"欢乐佳音歌"——会众

献诗："当向耶和华欢呼歌唱"、"野地牧人"、"从荣耀降临"——青年唱诗班

歌诗：赞美诗第 73 首"圣诞佳音歌"——会众

读经：路加福音 2：1-7——主礼牧师

献诗："金牧丹"、"上帝赐欢乐和安宁"——唱诗班

歌诗：赞美诗第 85 首"扬声赞美歌"——会众

读经：约翰福音 3：16-17——主礼牧师

献诗："赞美之泉"、"圣诞钟声"、"马槽耶稣"、"为我们、圣婴诞降"——青年唱诗班

歌诗：赞美诗第 68 首"明星灿烂歌"——会众

读经：马太福音 1：18-23——主礼牧师

献诗："爱的礼物"、"伯利恒之星"——唱诗班

读经：马太福音 2：1-12——主礼牧师

献诗："荣耀颂"、"崇高的上主"、"耶和华祝福满满"、"诸天述说神的荣耀"、"哈里路亚"

——唱诗班、青年唱诗班

祝福——主礼牧师

阿门颂——唱诗班、青年唱诗班

从节目单中可以看出，虽时隔 7 年，两次圣乐崇拜会的内容在大体框架上没有多少改变，选自圣经的经文也基本相同，甚至在头尾曲目的安排上几乎完全一样，这一方面反映了教堂音乐崇拜的程式化和固定化，另一方面则凸显了缺乏专职专业音乐人才的情况。1995 年崇文门教堂有一个唱诗班，2002 年增添了专门的青年唱诗班，现今已经拥有四个唱诗班，而参与的人员越来越趋向年轻化，年轻信徒和具有音乐素质人才的比例明显增长。中央音乐学院、中国音乐学院以及其他高校音乐专业的一些师生均有参与崇文门教堂的音乐义工工作。两张程序单在曲目的选择上也从一个角度述说教会音乐的发展状况。除了会众和首尾演唱的固定部分外，崇拜会的重心是唱诗班的献诗。1995 年献诗曲目总共 13 首，其中西方传统及经典圣歌 8 首，现代圣歌 1 首，有特色的赞美诗如乌克兰圣诞歌 1 首、美国福音歌曲 1 首、中国现代赞美诗 2 首（港台创作）。2002 年献诗曲目 17 首，西方传统及经典圣诗 7 首，其中 2

首选自亨德尔清唱剧《弥赛亚》音乐难度有所增大，另有西方现代圣诗 4 首，国内创作圣乐作品 2 首，港台流行风格赞美诗 2 首，乌克兰圣诞歌 1 首，威尔士圣歌 1 首。

对比来看，2002 年崇拜会的音乐风格和形式内容明显有多样化的趋势，曲目选择范围不再局限于西方传统圣歌或圣乐作品，而是更为广泛，并且取消了证道的内容，真正可以谈得上是一场圣乐崇拜会，不再以布道说教为核心。这也说明了教会音乐水平的整体提高和会众审美趣味的多元化，但相对来说它的发展速度仍相当缓慢。音乐在教会工作中的重要性不言而喻，各大教堂也希望能吸引更多的年轻人和音乐专业人士加入，对教会音乐事工和培训的力度也在逐年加大。仅海淀教堂，迄今为止成立了大诗班、晨韵诗班、清泉诗班、雅歌诗班、青年诗班、儿童诗班、以琳乐队、天歌合唱团等一系列相关的音乐事工组织，新奠基不久的朝阳教堂购买了一架造价不菲的管风琴，而各个教堂都积极开展音乐培训和音乐活动，这一切所展现的是北京教会音乐正在快速发展，期望在不久的将来，北京的教堂将会成为除圣诞节之外普通市民免费欣赏音乐的好去处。

此类合唱团式的唱诗班音乐，在北京的建制教会中深受欢迎，其中崇文门、海淀、缸瓦市教堂的音乐活动较为丰富，唱诗班也分为不同的种类，比如青年、老年、儿童诗班等。并且流行赞美的乐队也在逐步发展，尤其是位处大学区的海淀教堂在这方面更胜一筹。音乐风格上也从传统古典的圣诗涉猎到不同风格的崇拜音乐，但西方正统风格的四部和声演唱以及混声合唱作品仍然是平日聚会和节庆日的主角，即使是不少流行歌曲风格的赞美诗也经常选择四部合唱版本的进行演唱。一方面，这反映了北京教堂音乐整体偏向的保守性，另一方面，绝大部分人倾向认为演唱传统以及高难度的圣乐合唱代表了该教会的音乐水准。这种观点普遍存在，非建制教会中也一样。具备美声唱法、钢琴或小提琴演奏、合唱指挥等西洋音乐专业技能都被大多数信徒所羡慕。偶有民乐登台，多数情况是传统音乐的表演或简单的赞美诗改编演奏，并无很高的建树，因此除了某些场合，在教堂中民族音乐绝难听到。除了以前的一些中国圣诗演唱和用中文演唱的传统赞美诗以及中文崇拜之外，整个教堂的音乐差不多彻头彻尾纯西式的。非建制教会的音乐相比之下情形差了不少，虽然大部分松散的教会都有唱诗班，但人数和音乐水平都逊色于建制教会，这是因为非建制教会的相对隐秘性所造成的人才缺乏原因，虽然也有一些教会的音乐状况是不错的，但整体来说，自由的非建制教会的崇拜音乐处于水准较低的情况。在唱诗班的训练中，笔者发现了一种普遍现象，那些从未受过嗓音培训的人员进入诗班合唱队之后，部分人员出现越唱越累、喉咙疼痛更有甚者是嗓音嘶哑的情况，这些业余音乐者从合唱队训练出来的通病就是没有一个人能进行独唱，但他们多数认为自己是正统"美声发声"。笔者走访了数十个教会，发现那些本身嗓音条件较好的人们基本不存在这些问题，而上述人员与这些人在同一个指挥下训练，这里要说明的是在非建制教会里，琴师、指挥和敬拜带领往往由一人兼顾，建制教会的专业分工情况要好得多。笔者看到专业合唱指挥在两种教会中都比较罕见，而知道如何正确调理嗓音的指挥也很少。教会里不乏专业的独唱人士，但他们却乏力解决合唱中的声音问题。而合唱指挥对大多数个人独唱的声音也束手无策，这才出现了上述实际情况。这涉及到的是一个专业领域的教育问题，社会上的合唱队往往选拔条件优秀的队员组团，因此这样的问题较少出现，但教会中没有这样的条件选拔人才，因此良莠不齐的音乐爱好者便全部进入唱诗班出现上述的诸多问题。

二、L 聚会点的音乐与崇拜发展概况

非建制教会 L 聚会点于 2001 年成立，是一个较成熟的教会。笔者 2002－2003 年期间在此参与聚会并担任唱诗班成员，其后的几年间不定期来此处参与周日聚会。L 聚会处的地点为一处租用的住户楼，约有 80 平米左右。2005 年由于地方小人数多，分为 A、B 两处聚会，A 点人员多为知识分子和白领上班人士，单独分出去的 B 点是在校和刚毕业的大学生团契聚会。截止2003 年，A 点聚会约有 50－60 人，B 点约有 20－30 人。两处的聚会均为周日上午一堂，并且有各自的唱诗班。A 点唱诗班有 10－15 人左右，女性占2/3，受过教专业音乐训练的有 3 人，唱诗班原排练时间为周日聚会结束后，现改为每周五晚，带领指挥主要为中国音乐学院的一名在校生。周日聚会时由这名指挥和另外一位信徒轮流进行电子琴伴奏。B 点唱诗班人数不稳定有大约 4、5 个左右，因为人员多是学生氛围更为随意自由，所以聚会的会众几乎人人都是积极参与的诗班成员。该点没有电子琴，周日聚会时学生们手持吉它颂唱诗歌。A、B 两处在周日聚会时程序完全一样，只是 B 点可以更为灵活。

L 聚会点周日礼拜的程序：

1、宣召——诗篇

2、唱诗班献诗 1 首

3、会众唱赞美诗共 4 首

4、宣信——使徒信经

5、公祷——指定信徒

6、启应经文——主持人与会众

7、证道——传道人或牧师

8、回应祷告——会众

9、回应诗歌——会众

10、圣餐礼——每月一次

11、奉献祷告——会众

12、报告家事——主持人

L 聚会点的礼拜程序从该教会成立以来基本上没有改动或调整过，可以看出，该点的发展方向是独立教会模式，而不是一个松散灵活的团契聚会点。会众所唱的诗歌本有两本，一本是由中国基督教协会出版的《新编赞美诗》，这是前文中提到的建制教会所统一使用的歌本。另一本是没有在大陆公开发行的小开本简体简谱版的《诗歌 300 首》第二集，《诗歌 300 首》简体版第一集由香港福音证主协会在中国大陆搜集流行诗歌于 1980 年正式发行出版。第二集与第一集编辑的目录分类和体裁样式完全一致，且在最后一页有专门的版权致谢栏，该栏标明了歌集中的每一首诗歌选自于哪一本赞美诗集，这些原歌集均为港台出版发行并流行于港台教会的诗歌本，据查证为港台教会的人员帮助大陆信徒编纂的，但没有正式出版。这册歌本中的诗歌风格多样，包括传统、流行、信徒自创或少数民族风格的赞美诗。相对仅用一本《新编赞美诗》的情况，会众唱诗的选择范围就要大一些，在情感抒发和个人感受上，他们更喜欢现代一些的赞美诗歌。

L 聚会处虽也有一些专业的音乐人才，但各方面来说都无法与建制教会得天独厚的条件相比拟，这并不妨碍会众对音乐的热情，并且信徒们之间亲密的情感交流和友爱互助的氛围却是建制教会所不能及的。虽然各大教堂都积极开展各种团契学习与交流活动，但处于灰色地带的中小型非建制教会或聚会点具有更自由的交流和占据交通便利的优势。总体来说，建制教会在教会发展的情景上具备实质方面的有利条件，因此在音乐与崇拜上可以做到更为专业和程式化。非建制教会由于环境所致发展空间较小，具备大教堂所欠缺的亲和氛围，并且由于举办地点的较随意性，因此成为相对更多信徒（尤其是年轻人）的选择。在这里听或看到的音乐更能反映出北京基督教发展中会众音乐的状况，而专业化的音乐前景培养和教会崇拜方面，对比建制教会来说它们就难以谈及更有利的建设。

第三节　北京 X 教会音乐与崇拜概况

　　北京 X 教会是一个新兴的非建制教会，其建设思想、发展速度和风格多样引起人们的关注，可以作为发展中的当代城市教会的典型案例，2007－2008年笔者在 X 教会田野调研。X 教会位于北京闹市区某租用的写字楼中，其聚会场所共有大小两间作为主、副堂，总面积约 450 平方米左右。主堂是主要的礼拜场所，约有 300 平方米。大厅迎面正前方做成了一个长方形的讲台，墙壁上挂有一个几乎顶到天花板大的木质黑色十字架，讲台上配备铺有鲜花的大小两个讲桌，投影仪、投影幕布、一套多媒体设备。紧邻讲台右侧有一个开放式的小型电脑控制台和调音台操作间，调配音响设备、话筒麦克、电子乐器（X 教会有电合成器、电贝司、电吉他等乐器）等。大厅内正前方右手处有一架立式钢琴、一台电钢琴和一套雅马哈架子鼓，唱诗班的座席设立在乐器中间。大厅内右侧方还设有一间玻璃窗隔断的婴儿房，有较好的隔音效果，房间内部为暖炕地面，也装有配套的音箱，以方便带孩子的家长们参与礼拜。大厅的正中间左右两侧摆放了约一百多把靠椅，中间腾出一条过路通道。整体环境布置简洁明了，以讲台和木质十字架为中心。小屋的副堂主要为信徒间交流学习所用，隔断为三室一厅，最大的房间也配有一套多媒体设备、投影仪、投影幕布和讲桌、活动白板、三十把左右的靠椅，并有一台电钢琴。周日聚会时，这件屋子录像音响同传主堂的礼拜。作为一个非建制教会，X 教会已颇具规模，尤其是它所拥有的音响和电子设备以及各种流行乐队的乐器储备在北京的其他聚会点中是罕见的，甚至有些建制教会也不具备。

　　X 教会于 2007 年 5－6 月期间建立，常任牧师为朝鲜族。有周六下午的新少年礼拜，周日上午的朝鲜语礼拜、下午的汉语礼拜和晚上的晚祷礼拜四堂，共有四百人左右参加聚会。其中朝语礼拜和汉语礼拜为 X 教会的主要礼拜，整个风格明显受到韩国基督教礼拜的影响，它以热情和活力吸引了很多信徒和非信徒。从周日汉语礼拜程序上就可以感受到与北京其他的非建制教会和建制教会汉语主日礼拜的不同之处。

北京 X 教会主日礼拜程序：

1、敬拜与赞美——赞美队与会众（30 分钟）

2、代表祷告——XX 弟兄姊妹

3、赞美——唱诗班

4、证道经文——主持人诵读

5、证道——XXX 牧师

6、回应赞美——会众

7、奉献——诗歌《献上感恩》XXX 牧师

8、欢迎及报告——诗歌《这里有神的同在》XXX 牧师

9、闭会颂——诗歌《耶稣基督》会众

10、祝福——XXX 牧师

11、阿门颂——唱诗班

从程序上看，除了第一项以外，整个礼拜与其他教会的并无太大区分。但其最大差别是礼拜程序中的第一项——敬拜与赞美。敬拜赞美传统源自灵恩派运动，"灵恩"（charismatic）指基督教中一种强烈的宗教信仰体验方式，它强调信徒生活中圣灵的降临与能力。这个运动被认为有很长的历史渊源，20 世纪 60 年代以美国为主对基督教主流教派产生影响。敬拜赞美作为灵恩派运动中的音乐表现，对现代基督教的礼拜方式和审美趣味影响很大。"敬拜"一词指做礼拜，"赞美"指礼拜中对上帝的赞颂。今天两词合一变成一个专有名词，指礼拜前用投影机将歌词打在屏幕上，长时间唱"短歌"暖身。唱诗时间有 20－30 分钟，所有人会拍手跳舞，越唱越兴奋，然后再开始礼拜，多采用流行音乐风格或 19 世纪以后福音诗歌类的曲调，韩国当代基督教的礼拜也多受其影响而采用这种简单流行、活泼多变的音乐模式，它的优点是非常吸引年轻人的参与，这种风格在某种程度上也符合朝鲜民族热情爽朗、能歌善舞的特点。北京 X 教会成立时的核心人员和带领牧师均为朝鲜族，而当今中国朝鲜族的基督教信仰无论深受韩国教会的影响。因此 X 教会将时长 30 分钟的敬拜赞美纳入周日正式的礼拜程序中的行为就可以理解，但这一点无

论从方式还是时间长度上都是北京其他教会的正式礼拜中所没有的，不过在其他教会非主日崇拜的团契小组生活中，敬拜赞美的风格已越来越多的使用并颇受信徒的喜爱。

X 教会汉语主日程序内容具体如下：第一项敬拜与赞美的内容，所有诗歌的歌词用投影仪打在正前方的投影幕布上，唱歌时由一个流行小乐队和三四个领唱人被称为赞美队的崇拜组来进行带领，乐队成员有一位架子鼓手、电吉他电贝司各一名，键盘手和钢琴伴奏各一位，除了钢琴伴奏人员以外，所有成员全部站立在讲台下方面对会众演奏。乐队成员多为音乐爱好者，拥有一些演奏技巧和简单的诠释乐曲的能力。三四名领唱人员每人手持话筒，面前摆放谱台歌谱，在台上带领会众演唱赞美诗。这些领唱者全部是本教会的普通信徒，但大多没有较高的音乐基础和良好的演唱技巧。30 分钟的时间内，每次演唱 5—6 首诗歌，每首歌曲随着情绪的起伏大概演唱 6—7 遍。这就是上文提到的灵恩派崇拜仪式的传统：领诗成员为具有一定音乐水平的会众信徒而不是唱诗班的成员合唱献诗，聚会的中心是会众的共同参与而不是少数人的带领。带领敬拜赞美的为流行乐队组合组成的崇拜组，长时间反复演唱短歌而进入兴奋状态。X 教会在礼拜程序的第一项采用了这种方式，目的是希望能带动会众进入礼拜状态并在赞美音乐中全身心释放投入。

笔者 2007 年来 X 教会时发现，由于比较缺乏音乐人才，现有的赞美队成员并不具备很好的音乐素质，对于会场的控制能力和音乐的处理能力薄弱，整个敬拜赞美的时间完全依赖于一位乐感较好的电吉他手带领进入音乐的领域。不过坐在下面的会众并不在意这些，大部分人都比较放开享受这些声响，聚会时上下一体虔诚高歌、扬手欢唱令人感动，但时而跑调加上震耳欲聋的歌声和兴奋的人群又类似 KTV 或歌迷现场。不过 X 教会这种雷同典型的灵恩派崇拜部分并没有灵恩派过于情绪化和强调圣灵的带领，即便如此，这种场景在北京的传统建制教会中还是绝难见到（建制教会的礼拜是采用最保守和传统的崇拜模式）。对于会众来说，这种方式打破了普通老百姓对于艺术的敬畏之心，使人们不再理会或坐观唱诗班高雅的四部合唱和深奥的音乐技巧，因此确实很适合不具备音乐素养的普通信徒以赋予他们高歌的机会。现今 X 教会赞美队的音乐水准已有所进步，领唱者也逐渐学会了带领会众和音乐处理的方法。

接下来的程序从暖身进入了正式阶段：由一位男或女信徒走到讲台上，

通过扬声器话筒来进行一个公祷。所有人在台下闭目站立，虔诚共颂"阿门"回应。接下来，由唱诗班献唱诗歌一首，全体成员都统一着装圣诗袍。演唱曲目每次风格不同，多为2—3声部，有一位钢琴伴奏。比起赞美队来说，即使是演唱同一首赞美诗并且演唱的水准不高，没有了流行乐队和电声设备，唱诗班的合唱仍让人感觉庄重肃穆。献诗结束后，由一位男主持人上台诵读接下来要证道的经文。随后牧师上台开始讲道，时间约为45分钟到一小时左右，这时段全场很安静，人们都在仔细地倾听，还有不少人在认真做笔记。讲道结束后，所有人一起唱一首诗歌来回应刚刚讲完的内容。然后是信徒做奉献金钱的时间，捐献的金额装在一个进门时发给每一位来访者的信封内，上面印有捐献的具体项目等，然后投进入口处的奉献箱内。这段奉献时间内，牧师带领大家一起唱诗歌《献上感恩》，由一位女信徒从奉献箱中取出所有的信封，将其装入一个深紫色绒布的口袋中，在全体的歌声中将它呈送到讲台前。牧师接下来做一个介绍和欢迎新来访者以及教会事务的报告，然后所有人拍手唱诗歌《这里有神的同在》。所有的报告结束后，全体唱诵起立诗歌《耶稣基督》，牧师向会众行按手礼做祝福词"愿天父上帝的慈爱，主耶稣基督的恩惠，保惠师圣灵的感动，常与你们众人同在，直到永远，阿们"，唱诗班全体演唱《阿门颂》为整场礼拜画上句号。全部的礼拜程序结束后，人群熙熙攘攘走动起来，大家开始互相问候聊天。X教会原来设计闭会半小时之后，有分不同小组的主日学习，现在已有所调整。这些程序基本是中国建制和非建制教会所采纳的最常用和正统的崇拜部分。

周日上午的朝语礼拜程序与下午的汉语礼拜大体相同，朝语唱诗班有一些嗓音条件不错的成员，再加上朝鲜族天生对音乐的喜好、拥有较好的乐感和更为外向的性格，即使没有很多的专业音乐人员，朝语礼拜的歌声还是会让来访者感觉更佳。周六下午的新少年礼拜切入了孩子们活泼好动的特点，音乐上选择清一色的乐队伴奏的流行风格赞美诗，崇拜方面则相对灵活。周日的晚堂礼拜采用完全不同和较为特殊风格的音乐与崇拜，下一节专讲。总体来说X教会礼拜的音乐与崇拜在一个固定的模式下呈现出多元流行化的走向，它综合了普通信徒都习惯的传统礼拜模式（"敬拜与赞美"后的所有程序）和灵恩派的崇拜等不同的风格，这点难能可贵。

北京建制教会的音乐和崇拜主要是庄重高雅的保守风格，而非建制教会较松散多样的音乐和崇拜风格，也表现出它的生存状态。X教会是一个具有建制教会形态的非建制教会，它的发展模式较前者更为自由和灵活，较后者更为规模和形式化，但从音乐和崇拜的多样化融合趋势反映出 X 教会所具备的开放态度是两者在当前形势下所欠缺的。纵观基督教音乐的历史，教派对待音乐与崇拜的态度便能显示出该教会发展的整体方向。马丁路德对音乐的极高评价和积极态度，使路德宗的艺术土壤优良丰厚，最终酝酿出了巴赫这位音乐巨匠，接下来的德奥世界从此走向古典音乐的巅峰。而受保守的加尔文领导下的日内瓦和法国，近二百年没有出现过一位画家与音乐家，加尔文派孕育出的是后来影响资本主义经济发展的清教徒主义，等等。当代北京基督教及其音乐与崇拜的发展态势仍是保守和停滞的，因此新兴的 X 教会多元化和更宽容的发展态势是它前进的原因和动力之一，也应是中国基督教及其音乐与崇拜发展的趋势。

第四节　北京 X 教会晚祷礼拜

北京 X 教会成立半年后，常任牧师鉴于教会发展的原因计划增设晚堂礼拜，在酝酿过程中初步构思为风格要异于其他现有的礼拜模式或者更为热烈和吸引人的方式等。笔者担任晚堂礼拜总设计师，希望能藉此拓宽基督教的崇拜风格，法国泰泽式崇拜安静内省、关注心灵深层和充满艺术氛围又不古板而缺乏活力的风格藉此被引入。晚祷礼拜开始于 2008 年 2 月 24 日，初衷是在完全采用泰泽音乐崇拜的基础上逐渐调整，发展出适应 X 教会的礼拜模式。

　　北京 X 教会晚祷礼拜

　　2008 年 6 月 8 日（19：00～20：15）

　　【祝文】掌管万有的主，感谢你在太初已赋予我们无限的自由，得以享受你所创造的一切美善，敬拜并事奉你。我们为主赐的自由欢欣！又愿接受从之而来的挑战，求主教我们忠信、警醒！求主教我们使用这自由去施予、帮助，去爱和关心，使人得享主赐的自由所带来丰盛的生命。阿门！

　　【诗歌】

　　1、NO7-请留下，主耶稣基督（彼前 1：13）

　　2、NO55-哪里有真情

【诗篇】121 篇

【诗歌】

3、NO61-心灵之光请降临（圣神改成圣灵）（赛 42：1）

4、NO47-显示给我们（诗 27：14）

5、NO24-阿爸，托付我灵在你手中

【讲道信息】

"为义受逼迫的人有福了，因为天国是他们的"

【圣餐礼】

6、NO64-偕同基督

【奉献】7、NO.49-何处有仁

【默想】（哈 3：17-19；罗 8：35-37）

【代祷前颂唱】8、NO76-Kyrie 13

【代祷】请有感动的弟兄姊妹代祷，结束时共颂主祷文

【诗歌】

9、哈利路亚 哈利路亚 哈利路亚×2

荣耀归于上主 荣耀归于上主 荣耀归于上主（林后 8：9）

10、不再惧怕，向主高唱，基督复活哈利路亚 Be not afraid, sing out for joy! Christ is risen alleluia!×2

【彼此问安】

晚祷礼拜程序中通用的歌本是 2002 年天主教台湾光启文化事业翻译出版的《泰泽颂赞之歌》，中文译本的泰泽诗歌目前仅此一本。全书共有诗歌 77 首，分为混声合唱的赞美歌和卡农曲、欢呼式的答唱咏和连祷文的答唱咏三大类，最后附有适合教会活动各类主题的切题索引。每次礼拜演唱 10 首左右的诗歌，因此中译本的歌曲数目远远不够，笔者也自行翻译其他的泰泽诗歌来颂唱。为了方便学习，晚堂唱诗班已将泰泽 CD 光盘和网络音乐资源以现有的歌本为序全数做成了音乐数据库。程序中标有 NO.歌曲数字的就是中文歌本中的诗歌首数，没有标注的为自行翻译歌曲，并且在演唱中将天主教的用语改成基督教版本，如"圣神"改成"圣灵"，"天主"改成"天父"等。

现有程序基本基本照搬泰泽模式，在 X 教会热闹欢欣的汉语礼拜结束后约下午 5、6 点左右，大厅内迅速撤离一半的靠椅，毗邻讲台留下一片空地并铺上坐垫供会众席地而坐，入口处留下一半靠椅供不习惯坐在地上的会众坐

靠。以讲台为中心安置好一个黄铜铁艺的葡萄树落地式烛台，圣餐礼拜时会换上一个用绸布装饰的大烛架并在上面罗列蜡烛和鲜花，在讲台周边及空白处装饰满了玻璃蜡烛碗和烛台。当全部灯光关闭，身着白袍的唱诗班成员在电合成器柔和的音乐伴奏下陆续点燃所有的蜡烛时，代表礼拜开始。烛光摇曳中，坐在最前排的诗班成员手持话筒念诵了一段祷词祝文，随即全体唱一首短颂诗歌，每一首歌都非常短小约4—8小节，但整体风格安静优雅，人们会一起反复唱诵，唱诗班的成员配有简单即兴的和声或加花声部的添入，随着电合成器的伴奏，歌声或大或小彼此起伏，慢慢在6、7遍之后结束一首诗歌。进入下一首短颂前，一位诗班成员会念诵一节圣经经文作为衔接。两首诗歌结束，全体用启应应答方式诵念一章诗篇，紧接着又是三首短颂的诗歌颂唱。随之的讲道时间比在一般基督教的崇拜程序中短了很多，大约10—15分钟，信息多为灵修或劝勉类的内容。接下来如果是圣餐礼拜，圣餐仪式会在此进行，牧师首先会做一个祷告或诵念一篇优美的祷文（每次内容不同），然后是圣餐饼和杯的祝福，可以领受圣餐的会众排成一队，在歌声中逐个安静地走上讲台从牧师的手中接受饼和杯，整个氛围平静和谐，经常有人会默默流泪。圣餐礼毕后是奉献的时间，同样在音乐中，一位身着白袍的同工手捧奉献袋恭敬地将其呈现到讲台之上。之后，一位诗班成员解说道"让我们安静默想"，八分钟完全安静的时间和空间里（后来加有音乐背景，最终的调整为完全安静），除了开头和中间诵念的两节经文之外，几乎可以听到每个人的呼吸声。当琴声再次响起时，人们开始抬起头颂唱代祷前的诗歌，一般是《垂怜曲》[21]。接下来是自由代祷的时间，大家闭目开口祷告，经常会有人感动得啜泣。在全体共颂完主祷文在之后，两首较为欢快的诗歌将礼拜带入尾声，会众在彼此问候中结束了晚祷礼拜。整场晚祷中，没有主持人，没有唱诗班献诗，诗班在晚堂的作用是诗歌带领和环节提示，全体人员都是面向讲台在烛光中唱诗静默。基督教的讲道功能在此被削弱，安静默想和音乐祷告的环节被加强。

　　晚祷礼拜举办四个月之后，存在一些问题也颇有收获。现参加人数少则30人多则60人，稳定人数有40左右。参与人员大致有三类：X教会汉语下午堂的小部分信徒或同工（他们是较稳定的成员）、其他教会的信徒、本堂和

---

21 垂怜曲（Kyrie eleison），为天主教弥撒中的重要环节，歌词为"天主怜悯、基督怜悯、天主怜悯"，是悔罪的祷告。

外堂信徒带来的朋友及慕道友。目前为止，所有成员中的30%左右为参观型，30%为逐渐适应型，剩下的是稳定参加型。对这种全新形式的接受程度，笔者每次结束后会做一个随机调查。反馈大致分为两类：第一类是参观过一次不再参加或偶尔露脸的会众，除了客观上的原因（交通不便，身体疲乏等），他们对晚祷多持不赞成或无所谓的态度。这些人中有初信者和信仰时间较长的教徒，反对的原因有三：首先是不喜欢这种模式，认为摆放蜡烛烛台，关灯安静等流于形式。其次认为晚堂没有太多话语的讲道，这样对个人信仰的成长并无益处。最后的原因是对于礼拜中安静默想的部分完全不适应，曾经有不少人建议取消这一环节。另有一些争议认为晚祷礼拜好像是天主教的内容形式，基督教徒不能参加。持反对意见的会众比较喜欢传统的礼拜模式，习惯于放声歌唱祈祷和长时间的讲道。第二类是留下来长期或不定期参加的会众，他们相对比较喜欢参与晚祷礼拜并持肯定态度，其赞成原因也有三：首先是被这种形式所吸引，认为烛光和音乐营造安宁神圣的氛围是一大特色。其次，这种仪式并不强迫人们去听道，而是给予会众自由的空间去体会个人与上帝之间的交流，安谧的音乐和静思式的默想提供了最好的媒介。最后，晚祷礼拜为这类人提供了一个休憩之地，很多的参与者感受每次来礼拜就很想睡觉十分愿意留在这里休息，或在音乐中享受并默默流泪，直到所有的疲惫和委屈都化解为无。对于一些同工来说，安息的周日变成了最繁忙的时间，当来到晚堂时，才能使他们重新得到力量回到宁静之时。总之，这一类人中信仰时间长的教徒较多（信教五年以上），他们渴求更深处的心灵追求和安静，以教会同工和知识分子居多。还有一部分是信仰时间不长但喜欢有艺术氛围和较自由礼拜风格的教徒，他们多为高校师生。

有意思的是，赞成和反对者都基于晚祷礼拜的同一点来发表意见，在支持者眼中喜欢的环节正是反对者不愿意参加的缘由，反之则同。而两方给出的建议就是晚祷所带来的正反面效应，将他们的意见综合起来就比较全面地说明了 X 教会晚祷礼拜的优缺点。与 X 教会其他的礼拜相比，晚祷礼拜显得格外与众不同，这种模式目前在北京各教会中还没有采用的。相对于 X 教会的传统礼拜，晚堂起到一个完好互补的作用，也可以多方位满足不同信徒的心理需求。现今的晚祷程序大体照搬泰泽式崇拜，但它们之间的差异和磨合所造成这种模式在 X 教会的试验田里成功与否的问题有待观察探讨，可先解泰泽崇拜的来龙去脉。

第五节　法国泰泽式崇拜

　　泰泽位于法国东部勃根地省的一个小镇，是法国基督教弟兄会的根据地。这里的基督宗教[22]中心——泰泽团体的音乐风格和祈祷模式正影响着整个欧洲甚至是全世界。它的音乐通俗易懂却丰满和谐、井然有序又灵活可变，结合泰泽安谧默想的祈祷模式，构造成祥和的合一整体以触及内心深思和探寻灵魂的独特风格。这个曾经异常平静的村落现在被誉为"信仰的泉源"，成为年轻人的朝圣之地。

一、泰泽团体源流

　　1940 年第二次世界大战期间，瑞士基督教徒罗哲（Roger Schutz）在泰泽创办了一个隐修团体以实践自己及外婆的心愿：为时代的受难者冒险，与天主教信仰修复和好，为和平作贡献。罗哲修士毕生致力于特别是基督教徒与天主教徒的修和工作，他领导年轻人秉持宣誓守贞的奉献生活，为从世界各地而来的成千上万青年们开辟了这个灵修[23]中心。各宗派的信徒在泰泽以歌咏祈祷的方式达到个人和整体神圣体验的自由与合一，目的是通过这样的灵修来反省和复兴内心的信仰，用安静的、被转化的感觉唤醒人们的内在力量，使内心拥有一份能赋予生命的动力。

　　隐修传统来源于中世纪，为的是从一个纷扰的世界中退离出来委身于信仰。"共同体的

　　成员自愿委身于一种规则化的共同生活，接受一位长者的指导。"（麦格拉思 2003：268）历史上的隐修制度是根据宗教戒律而实行的苦修生活方式，他们采取公有制经济模式并终生独身，修士和修女们加入时要宣示清贫、贞洁和服从。虽然以往的隐修制度弊病与罪恶清晰可见，但在欧洲历史上的那段艰难岁月里，修士们对基督教的传播和整个文化的发展做出的重大贡献是不可否认的。因此"在接下来几百年中，基督教属灵成分对于人文主义的发展颇具分量，这一点认知是很重要的。"（阿尔伯特·甘霖 2005：

---

22 此处称泰泽团体为基督宗教中心，而不仅是基督教中心，其创办人虽是基督教徒，但其组织的性质是跨越教派界限的。

23 devotion 献身、灵修，其动词形式 devote 强调专心从事某一目的而不顾其他。是信徒与上帝沟通的生活方式，以操练属灵生命的成长，包括读经、祈祷、退修等等。

54）隐修制度没有被之后分裂出来的基督教接纳，不过仍被保留了某些内涵相似但形式相异的灵修方式，如退修会（devotion retreat 天主教称为避静、退省）等。

泰泽团体创办人罗哲是基督教徒，但采用天主教的隐修传统作为他终身奉献的形式并着力弥补各教会与罗马教宗之间的鸿沟。这个组织现今有来自30 个国家不同教派的一百多名成员共事，是一个国际性的大公教会团体。接待访客是泰泽团体的重要内容，除了固定的祈祷时间外，每年的每一周都有不同国籍的年轻人参加以"内修生活与人类团结"为中心的聚会，使参与者把信仰与当代社会多元化的现实联系起来。其中有多个小组讨论特定的题目：如"宽恕是否可能呢？"、"全球化的挑战"、"我们如何响应上主的呼召？"等，也有关于艺术和音乐的题目。

泰泽的生活一方面是在祈祷与内省之中体会与上帝的共融，另一方面是体验人与人之间的团结合一，两种经验息息相关。它提供了开放与聆听的氛围，使来自世界各地的年轻人发现能够在多元文化与基督宗教传统中寻找到一条相融的道路。这一点让身处充满分裂、暴力与伤害的世界中的人们，有足够的能源成为信心与和平的缔造者。泰泽提供给年轻人的是"信心在人间朝圣旅程"，这个活动的独特之处在于，它并不组织团体，而是邀请每个参加完信心之旅的青年人回到家以后，在自己的处境中活出他们已经知道的一切，以便更加体会自己的内在生命并意识到自己与其它同样寻求真正重要事物的人是彼此相联的。泰泽传递出的爱、信心、活出信仰与肢体合一的内涵不断地吸引来自各洲陆越来越多的年轻人，罗哲修士本人也成为青年人宗教信仰复兴运动的主角。

二、历史文化背景

泰泽团体带有普世教会的色彩。由英美等国的基督教最初发起的普世教会运动[24]，"号召基督教、天主教、东正教之间中止历史上的对立，重新走向联合。该运动致力于各教派信徒在精神上、心灵上的沟通，并希望各教会在

---

24 "普世教会运动"（教会合一运动）是 20 世纪基督教内部提倡所有派别重新合一、实现大联合的运动。普世一词源自希腊文 Oikoumene，意为"整个有人居住的世界"，后被用来表述"基督教重新合一"、"教会一家"、"教会普世性"的思想，成为该运动的核心。第一次世界大战前后由英美等国基督教基督教发起。（卓新平 2002：544 "普世教会运动"辞条）

礼仪、典制和圣职等方面彼此接受或相应认同，由此发展出其求得共识的合一理论及相关的专题神学。"（卓新平 2002：546）

天主教从最开始的抵制转变为接受并参与的态度，其标志是 20 世纪 60 年代梵蒂冈第二届大公会议（以下简称梵二会议）的召开。这个行为带来罗马天主教会两千年历史上最为普遍和深刻的变化：一直唯我独尊的"正宗"教会大步"适应时代形式"[25]，以"教会的自我革新"和"基督徒的合一"为主题展开讨论。大会最早公布的文件《礼仪宪章》拉开了天主教礼仪改革的序幕，其中最重要的是简化繁琐的仪式、放弃陈旧的拉丁礼仪改用本地语言、采纳各民族的形式和风格等，并在传统仪式之外慢慢注入一些与属灵有关的经历。所有这一切加上前人的努力[26]都力劝"信徒不应只称为沉寂的个体而作壁上观，更应该参与牧师和唱诗班的歌唱……"（安德鲁·威尔逊－迪克森 2002：221）泰泽团体的敬拜风格与梵二会议的改革期望正相吻合。基督教与天主教的界限在泰泽祈祷中不复存在，它保留了一些天主教的礼仪传统并将其简化，使已成为表演性质的崇拜仪式真正地转变成会众参与的共融祈祷。

由于梵二的礼仪改革所带来的拉丁仪式被取缔的结果，随后与之相关的音乐品质就开始下降，传统赞美诗和复调音乐的宝藏被遗弃。法国作曲家、神甫约瑟夫·热里尼奥早在仪式的彻底变革之前就已经预料到这场危机的存在，他所做的是为传统的赞美诗注入新的活力。他的作品广为流传，这些诗歌"用忠实于希伯来语的译文和简约和谐的曲调来咏唱……音乐异常简单，只需最为直接的重音音节的变调。"（安德鲁·威尔逊－迪克森 2002：223-224）泰泽团体采纳了这种简朴的观念，他们最初使用的就是热里尼奥的赞美诗和 16 世纪的圣歌。后来一些专业作曲家的加入，使泰泽的歌曲慢慢形成自己的风格。这个团体在接纳各种派系[27]的同时也通过自己的方式完美地融合了它们的礼仪和音乐传统，梵二会议提倡"基督徒的合一"的主旨和普世

---

25 梵二会议的大会口号。

26 1903 年《教皇敕令》的教义被其他法令所重视并发扬光大，如教皇庇护十一世于 1947 年颁布的《使徒法令》、《中保》和 1958 年的《关于宗教音乐与宗教仪式的法令》。

27 罗哲弟兄先是收容犹太难民，后又接纳了二战后的德国士兵，犹太教、天主教、东正教以及基督教各宗派的人士似乎都能在这里抛弃前嫌。团体中的很多修士们以小规模的互助会等形式在世界各地的落后贫困地区进行爱心救助。

教会的原则，被泰泽独特的祈祷音乐媒介悄然地展现出来。

三、共融祈祷

在泰泽一天有三次修士们和所有的访客相聚在一起祈祷[28]，这被称为"共融祈祷"，它包括咏唱、读经和静默等。当山丘上的钟声响起时，所有的活动便接连停止，人们三五成群地沿路而上进入小教堂。入口处由一些年轻人手持不同语言写成的"肃静"提示板，并分布着歌篇和圣经单张。进入烛光闪烁、布满圣像和绿叶环绕的教堂时，可以看到人们面对祭台三三两两地席地而坐（跪）。穿白袍的修士们陆续从殿堂中央进入，这时钟声已渐渐弱下来，寂静的味道逐渐在空气中弥漫开。当教堂内坐满了人时，整个泰泽完全安静了。开始的共融祈祷程序如下：

> 歌咏赞颂：引子－诗篇
>
> 读经：旧约经文－四福音书－书信－简短章节
>
> 歌咏：应答对唱－歌咏－短诵
>
> 祷词：连祷文－代祷文－主祷文－结束祷文

先由一位修士领唱赞美诗的第一节作为祈祷的引子，随即会众整体加入合唱，紧接着是一首诗篇的咏唱和一段不同语言的圣经诵读。由一节应答对唱打断诵读的声音，这时便引领会众整体重复歌咏一段默想式的短诵歌曲，以进入随后长达五至十分钟的静默时间。接着几位修士轮流领唱出连祷式的祈祷文，会众在每一句之后都以"上主，求你垂怜！"（kyrie eleison）回应。然后修士诵读主祷文，并以几种语言读出简单的祝福祷文，与会众一起颂唱几首泰泽歌咏。这时修士们会起身离堂，人们会以为祈祷结束了，实际上第二部分正在展开，那就是以简单的泰泽旋律编织成绵延不断的祈祷之声，会众可以随意愿离开。在晚祷之后，很多人会继续留下来祈祷直到深夜，会有一些修士逗留陪同并倾听他们的心声。

在共融祈祷开始之前，会众会提前参与排练歌曲，指挥只有这时才会出

---

28 泰泽时间表：周一到周五 08:15 早祷，早餐－10:15 圣经讲解，静默 12:20 午祷，午餐－14:00 练歌－15:30 小组反省－17:15 茶点－17:45 聚会 19:00 晚餐－20:30 晚祷，之后开始守静默。周五晚 20:30 晚祷，之后有围绕十字架的祈祷。周六同周日，但在下午有：15.30 公开论坛：聆听来自各国的年轻人或参与提供不同主题的工作坊。20:30 晚祷，有烛光象征复活之光。周日 08:45 早餐－10:00 感恩祭－13:00 午餐－19:00 晚餐－20:30 晚祷（资料来源：泰泽@www.taize.fr）

现。自己带乐器的人会在祈祷中伴奏，由于伴奏者都是访客，所以只有短短数天的练习时间，但成果却很显著。很多参加者都有一种观点认为唱歌是很困难的事，需要有天分和很长时间的学习，但当他们来到泰泽时就发现这都不是必须的，因为所有的人在一起歌唱并彼此支持。而独唱或领唱者是需要摒弃所有表演的元素并转变自己的声调以达到融合之美。这种排练的目的并不相同与合唱团演出前的彩排，指挥试图让会众理解，他们在唱什么、做什么以及为什么要练歌？泰泽歌曲的排练也努力达到使所有人在其中一齐祈祷咏唱。当所有的人能同心合一时，练习本身可以成为一个祈祷。这样可以帮助人们预备并投入共融祈祷，并明白这不是个人单独做的事情。人们在一起准备并共同献上自己的声音、能量和整个身心。参与的人各有巨大的差异，却能以相同的声音向同一的上帝歌唱，这是很简单又很有力量的祈祷。由于泰泽音乐是祈祷的一部分，很多音乐的完美指标如节奏、音调等都不可应用于此，但这已无关紧要。它所散发出来的魅力使每位歌者、音乐创作人都会欣赏这里的音乐。参与者会感到被融于比自己伟大的事情当中，这样的场景无论是否信徒或音乐家都会被感动。

共融祈祷目前在全世界被广泛接受，中国大陆的一些天主教会也采用并结合自己的方式来进行祈祷会。实际上它的结构人们并不陌生：其方式与历来信徒不同传统的礼仪方式或日课祈祷毫无分别，而泰泽共融祈祷的特色就是体现早期信徒所说的"谁人唱歌赞颂上主，便是双倍祈祷。"泰泽创办人罗哲鼓励年轻人"若是人知道与他人共融祈祷时咏唱，或个人静独时引吭高歌，竟能开敞人内在的自由！共融祈祷能使人默观复活主的临在，尤其是透过祈祷之美和圣歌的咏唱。"（泰泽团体 2002：封尾）

四、泰泽歌曲

泰泽创办初期，修士们在团体生活中一起唱歌，其中有些人懂得音乐和谱曲，因此他们开始混声四部合唱和赞美诗颂唱。最早只有泰泽的修士住在这里并没有访客，他们的祈祷方式像隐修院一样是较长的圣咏诵唱并全部用法文。60、70 年代由于越来越多到访者，修士们感觉到不能继续采用旧有的祈祷方式，他们努力寻求新的途径好让到访的人更容易投入祈祷。但除了人数方面有很大的增长之外，来自不同国家的人们所说的语言也成为障碍－教堂内要用多种不同的语言祈祷，于是渴望在祈祷中合一的想法成为泰泽团体的目标。

音乐上的改变是首当其冲的，一些法国的作曲家如积比提、谢连鲁、雅克·贝蒂埃等开始参与合作和探索。严谨的时间编排是西方音乐发展史上一个重要的特质，它影响着基督宗教礼仪的形式和礼仪中音乐的运用。教会礼仪是经过精心设计，由严谨结构筑成的。例如在圣教日课中，包括一首赞美歌、三首圣咏、一首答唱咏等，所有人都明确知道每一部分的需时。这种形式有其优点但同时也牺牲了艺术的自由空间，因此发掘一种较流畅的音乐风格在教会礼仪中很具价值意义，而这种风格是没有人知道开始和结束的。他们找到了一个渠道－重复性的短诵"所有人都能积极加入团体的祈祷中……使用纯正的音乐品质中的简单要素……让真正的祈祷者通过音乐表达自己……简短而琅琅上口的乐句能被所有人轻易地记住，这就是我们找到的一种解决办法。"（安德鲁·威尔逊－迪克森 2002：225）反复的祈祷短诵、不为每首歌设定时限可以使人们排除思想中的杂念，并帮助他们重拾祈祷久被遗忘的一面，就是付出时间与主相遇。在歌词上，由于拉丁文对任何人而言都是外语，它的中立色彩之因素也被运用，其语音上温和性的重音节与音乐的律动性贴切相配。曾困扰天主教仪式上百年的是否废弃拉丁语的问题，因为泰泽的运用方式和目标作用的改变，其争论也已不复存在。而在唱颂诗歌的时候，领唱或独唱则经常轮流使用各国的语言，这样的处理细节也是为达到共融合一。

混声合唱赞美歌、卡农曲、欢呼式的应答对唱（如 alleluia）和连祷文的应答对唱（如 kyrie）是泰泽歌曲的特色内容。混声合唱赞美歌是由全体会众不断地重复唱颂同一段音乐，其中有些是富有默想性质和平静安详的（谱例1）。这类赞美歌的和声并不复杂但并然有序，（谱例附录二－1）《耶稣基督》遵循格式化的和声动向富有律动性和歌唱性。高音与次中音声部基本反向进行，中音和低音声部以同向进行衬托，四声部精心安排保持着传统基督教赞美诗的平衡。其小调式旋律带来的宁静优美以及和声的丰满和谐是泰泽音乐的特点。全曲仅两句歌词是同头变尾的结构，这种异常简短的风格摒弃了赞美诗分节歌的传统，将原来信息过多的内容变得简单易学，反复颂唱很容易深入内心，以此达到口唱心合的效果。

谱例附录二－1：混声合唱赞美歌《耶稣基督》

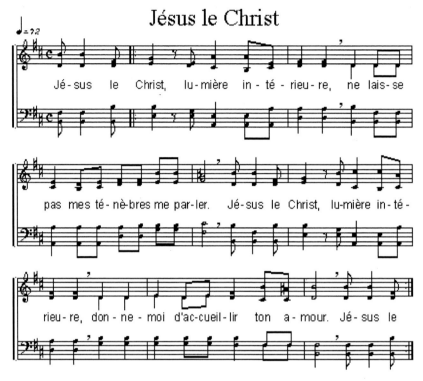

（歌词大意：耶稣基督在我心中照耀，不要再让黑暗喋喋不休。耶稣基督在我心中照耀，打开心门迎接你的爱。）

　　歌唱这些短诵是很灵活的，会众可以自由选择唱任何一个声部，反复颂唱时诗班或乐队可以加花，不同音色的独唱者轮流嵌入。在唱较长的歌曲时，会众唱主旋律配以诗班或风琴、吉它的和声。总之，小到只有一种乐器的聚会，大到有管弦乐队加入的大型聚会，泰泽短诵都能被适用。

　　卡农曲是常被采用的另一种歌唱方式（谱例附录二－2），标有数字的地方是每一声部的起音处。会众一般被分为男声和女声两部分，在四声部卡农曲中，第三、第四声部由诗班加入。（谱例附录二－2）《主，求你赐平安》两个高声部和两个低声部分别咏唱相同的旋律先后进入，全曲共六小节，一改传统卡农曲的长篇高难风格，使每一个会众都能参与咏唱。这些歌咏虽然短小却是精心创作的，词曲结合相得益彰，其音乐品质和诗歌内涵仍不失水准。

谱例附录二－2：卡农曲《主，求你赐平安》

①：Tenor ③：Soprano
②：Alto ④：Bass

（歌词大意：主，求你赐平安。在我有生之日，求你赐我平安。）

　　欢呼式的应答对唱和连祷文的应答对唱是天主教传统的答唱咏，它们在这里变得异常简单，每首歌曲一般只有八小节甚至更短。长音在素歌传统中是自由流动的花唱式旋律线，泰泽将这种风格谱为节奏规整的独唱加花部分（谱例附录二－3第五小节）并由不同的音色组演唱，以避免单调和机械化的重复。

谱例附录二－3：欢呼式的应答对唱《哈利路亚》

　　泰泽团体的实践中有特别想保存的传统：反复吟唱同样的歌曲和古老的祈祷方式相同，它包括西方传统的万福玛利亚和东方教会的耶稣祈祷文[29]。同时寻找新的歌曲、新的字句好深入年轻人的内心也是一项持续的工作。百多

---

29 万福玛利亚：天主教祷词，一部分采用圣经中天使加百利和伊丽莎白对玛利亚的致意词，另一部分是在15世纪加进去的。耶稣祷文：东正教祷词，是一个简短的诵句，其基础是圣经中提到的瞎目者的祈祷。全文是："主耶稣基督，上帝之子，怜悯我罪人"，常被简化为"主耶稣基督，怜悯我。"

年前的文章在充满天份的作曲家手中会得到全新演绎，给祈祷带来新的活力。泰泽短诵能引领人们进入合适的情绪和氛围中祈祷，在五至十分钟的静默时间内集中思想和沉寂身心，安静下来的心灵会期盼歌唱，这就是泰泽短诵所带来的效应。简单地咏唱歌曲是泰泽祈祷的核心，这样参与者既能理解歌曲又能领会它所表达的祈祷内涵。利用三言两语表达信仰的真谛，这种祈祷之乐提炼出音乐与祈祷中的简单元素将其融合，在朴素之上又不拘形式，使歌者同心合一地集体祈祷却又享受安详自在的个人体验，这看似矛盾的不同感受在泰泽共融祈祷中紧密相连、水乳交融。

　　泰泽的网站上有"祈祷与歌咏"一栏，其中"学唱泰泽歌曲"中有上百首范例。每一首歌曲都配有可供下载的乐谱和女高、女中、男高、男低各声部的 midi 音乐以及四部混声伴奏和吉它伴奏的 midi 音乐。其中吉它伴奏的 midi 音乐是典型的泰泽风格：编配优美和灵活多样。这些网络的方式使泰泽歌曲流传更加迅速，今天的人们可以在欧洲、美洲，甚至在肯尼亚内罗毕的平民区或者印度的乡村里听到这些乐曲。当这些简单美丽的祈祷歌曲被唱响时，往往会使到访者感到震撼，它们如同蕴藏于大海内部的无数声音在和谐地交响。其音乐不是供人欣赏的，它把参与者的注意力凝聚到对未知上帝本性的默想和认识之中，而在其中人们也能感受到上帝正透过音乐向寻找者启示他自己。泰泽团体的特色，也在于它指出了音乐究竟在什么地方是真正具有普世性的，即音乐不是单纯为享受而存在，它是通向神圣体验的媒介，其目的直指人们所凝视的那一位上帝。音乐之美应具有感化、启示和提升的力量，它位于和谐之中，因为"和谐是上帝的本性"。[30]泰泽之歌就是让人们"勇于祈祷，敢于向基督歌唱，直至你充满喜乐和平安。透过圣灵，基督在你心内祈祷，远超乎你想像之外。"[31]

第六节　泰泽崇拜与北京 X 教会晚祷礼拜

　　北京 X 教会晚祷礼拜参考法国泰泽式崇拜创建，但藉于各种原因并不能将它的体系完全照搬。X 教会采用了泰泽的基本形式，由于它是一种礼仪更新

---

30 毕达哥拉斯学派提出"美是和谐，音乐是对立因素的和谐统一"，柏拉图提出了有关美的本体问题。后来基督教思想家们丰富并发展了这些思想，提出"美的本体只能是造物主上帝——美是上帝的名字"。

31 http:泰泽@www.taize.fr 罗哲修士语。

的成果，所以采纳其形式并不显得空洞和流于表面，音乐起到了关键性作用。泰泽音乐的简朴优美和歌词的精心深邃使从未接触过的人能立刻琅琅上口，对专业音乐人士而言，它看似简单却活力无限更能随意编排。因此四个月的实践下来，X 教会的参与成员基本人人能歌唱背诵几十首的泰泽诗歌。目前存在的困难是，欧洲古典教堂音乐的传统在完全不同的文化中操作起来有一定的阻碍。例如，应答对唱、卡农曲与和声配入对于受过西方音乐训练的专业人士来说并不困难，但是要想让中国普通百姓演唱绝非易事。泰泽诗歌中的卡农曲谱写较简单，短则 2 小节，长不过 8 小节，多为 2 声部或轮唱。笔者尝试在礼拜开始前 10 分钟带领会众学习，目前的结果是以失败告终。每次练习当第二声部加入时，人们立刻顿失方向感不知道应该附和哪里的声音，最后轮唱或卡农就变成了单声部齐唱。如果是集体颂唱，和声与加花声部常常成为会众演唱的干扰，因此这需要长时间的普及音乐教育。笔者也尝试将风格典雅抒情的非泰泽歌曲在精心编排后添入程序，在摸索过程中得到会众肯定的回馈。泰泽歌曲的特点是短小却富于变化，但由于缺乏多样的音乐人才，因此对唱诗班来说，笔者带领排练时给予较大的宽松度，在达到一定标准的基础上鼓励自由发挥调动每个人即兴演唱加花的能力，唱诗班的成员在体会这种音乐训练的模式上取得了渐进的成果。

X 教会在学习泰泽模式的过程中，圣堂的布置装饰所涉及空间礼仪神学的实施也有一定的困难。法国泰泽本部的教堂内没有座椅，所有人席地而坐，安静到场安静离去。会场内所有角落布满蜡烛，装饰简约朴素却充满艺术氛围。进入圣堂，安宁的气息静静弥漫于四周，所有人面对圣台。圣台被简单美丽的烛光、植物与布装饰着，上面摆放很多圣像，供会众沉思默想。X 教会的场所是一所办公间，所以无法达到教堂的装饰效果，不过泰泽崇拜的优点在于，如果没有以上的外在装饰同样可以取得很好的效果。港澳教会举办的泰泽式崇拜中，会场布置的核心在于蜡烛和圣像，其他各国也是如此。蜡烛是营造气氛很好的工具，但圣像会引起很大的争议。天主教和东正教的圣像传统被基督教徒认为是偶像崇拜而摒弃，基督教中从未出现各种圣人的画像和十字架苦像（钉在十字架上的耶稣像），唯一可见的就是一个没有任何装饰的十字架。在这一点上，泰泽崇拜经常会被一眼扫过的信徒误认为是天主教的崇拜。

X 教会的带领牧师对圣像学有客观的认识，但鉴于基督教的传统和信徒们的心理承受能力，在晚祷礼拜中就取消摆放圣像。泰泽式崇拜虽兼容并蓄，吸纳各种礼仪传统，但在不同的地方推广时仍要顾及到当地的传统。X教会虽然没有采纳泰泽崇拜中关键的圣像默想祈祷环节，带领牧师建议用另一种方式代替，即用投影打出具有艺术效果和感染力的宗教画像作为晚祷的配备场景，这是一种折中的好办法，在传播学习其他传统的同时也顾及了人们的承受力。

　　X教会并没有完全模仿泰泽式崇拜，虽参加人数不多也不十分稳定，但对于参与的会众是一种全新的体验。很多信徒给予晚祷礼拜的评价非常积极。在笔者走访的成员中，Y先生是一位中年的传道人，他对于礼拜所凸显的涵义和默想的部分表达极为中肯的评价，认为这部分让个人能与上帝交流是最令他震撼的。J小姐亲切的说每次礼拜都好像坐在上帝的脚边。学生F认为音乐和环境所表达的美感让他难以忘却，大学教授G告诉笔者多年失去的心灵感动重新被寻回，等等。晚祷礼拜目前之所以采纳泰泽的方式，目的正是为了重拾人们对于美好、简单、神圣和亲密层面的内心体验。X教会借鉴了泰泽崇拜的外壳——内容和形式，但它的建立基点——基督宗教的灵修传统和与现实相结合的互动宗教情怀这两点，是X教会在发展晚祷礼拜时要补充学习的。泰泽团体是欧洲一个跨越宗派的修会，它的发展土壤是东西方两千年的基督宗教传统。而X教会是北京一个正统的基督教教会，它的现实环境是对鬼神敬而远之的儒释道宗教文化与无神论的共产主义，面对同样的人类终极问题和深切的生命关怀，如何用一个更为恰当的形式达到目的，X教会需要更多的智慧来探索的前路。

　　晚祷礼拜凸显的是音乐静默方式的崇拜，笔者试图以点带面，通过这种大部分人都非常容易接受的方式——音乐为主体（音乐风格至关重要重要），恢复基督宗教灵修中的静默、默想传统，以此来弥补基督教信仰生活中的不足之处。其目的与其他所有宗派的崇拜都一样，即敬拜上帝，但这种方式对基督教以讲道为核心礼拜模式的神学思想是有一定挑战性的。更何况，基督教徒习惯向内灌输聆听接受的信息，而这种方式要求心灵深处安静并向外倾倒引发去思想体会上帝，宗教体验的输出入管道发生了变化，这无疑强烈冲击了传统习惯。因此实际情况是，不少人认为晚堂的音乐静默式礼拜讲道时间太短，学不到信息知识是不好的。而完全安静的默想令人并不习惯，原因有二：如此的静默不管是在教会还是在平日生活中都很难感受到，因此真正无声的心灵安静对绝大多数快节奏生活的都市人来说难以做到。另外，一旦人们能安静下来，也不知道该做或想什么，任何轻微的风吹草动都能很大地干扰思绪。不过静默的传统对现代社会仍很重要，这需要一个熟知和学习的过程，让人们能体会到其中之美。发掘自身被印痕于生命中的神性，并以此与未知的上帝心灵沟通，莫不是通过安静的力量，静默散发出的内涵十分强大，这就是历代信徒隐修的重要原因。音乐在这一层面上进行配合，优美的短颂反复歌唱，简单的歌词深入人心。象征基督光明的烛光在营造氛围的同时，也和所有的因素一起引导人们走入安静沉思。所有形式之美的途径都是为了彰显人们所信仰的那位未知者是心灵之光、力量泉源，并给予我们生活的动力和勇气。

这种长期透过西方思想的角度而认为是东方神秘主义的追求精神层面的心灵训练传统，是笔者期望被人们重新认识和正确理解的。即使在基督教礼拜中，当一时的兴奋快乐过去后，参与者自身的体验、沉思安静以发掘作为一个肉体和精神结合体的人的自身修炼的精神努力才是礼拜中更为重要的。东正教和中国禅宗无疑是最好的典范，这里仅强调两者的同而不是异，它们在心灵与精神上的历练均道出了东方哲学的特点。X 教会的晚祷礼拜还只是一个雏形，笔者的主导思想是吸取其他教派尤其是礼仪教会中可以为当下所用的传统和优势，来察考其中的思想本质来寻找与中国文化中的契合点，借用这种音乐静默式的外形方法，发展出在理解基督教信仰的核心基础之上，符合中国人心灵需求的崇拜模式。虽然形式都是不全面的，但仍可以找到一些更为美好的方式去凸显人类精神的终极指向。

晚祷礼拜所表达的音乐静默式崇拜不只适用于某教会教派或局限于在晚上的礼拜，它是对中国教会甚至是当代整个基督教崇拜的一种反思的努力。基督教自由教会对传统几近完全舍弃的倾向，经常造就粗劣的崇拜艺术，使渴望寻求心灵庇护所并具有一定艺术素养的人望而却步，这种情况远比我们想象的要多。对于美的追求是人类的本性，一首真正称得上艺术的音乐作品、一副至真的绘画或雕像、一座伟大的建筑艺术往往超越其外形而指向精神上的真善美，艺术与宗教的共通性在此显现。"一个高尚的艺术作品本身就是沉静、完美的，它给人以安宁，它是一种精神良药，是一座片刻也不能亵渎的圣殿。要是具有巨大镇痛作用的信仰能如此成功地以既高尚又感人的形式出现，以致重新使拯救成为一种享受，那会有多少人投身于宗教啊！"（冯·O·沃格特 1999：124）

參考文獻

（按時間排序）

一、期刊論文

1. 劉廷芳，1934〈過來人言——【聖歌與聖樂】發刊辭〉，《聖歌與聖樂》第一卷第一期，第 1 頁。

2. 王神蔭，1950〈中國贊美詩發展概述〉（上）（下），《基督教叢刊》第 26、27 期，第 49－53 頁，第 60－68 頁。

3. 盛宣恩，1979、1980〈中國基督教聖詩史論述〉（一）（二），《香港浸會聖樂季刊》（春季號），第 2－4 頁。

4. 楊忠德，1984〈苗語滇東北次方言老苗文的創制及其影響〉，《威寧文史資料第一輯》，第 108－109 頁。

5. 張坦，1991〈基督教內地會和循道公會在黔西北苗彝地區傳播的比較研究〉，《貴州社會科學》第 6 期，第 21－25 頁。

6. 東丹干，1992〈關於苗族基督教歌譜之我見——與‘波拉苗譜與黔西北苗族’的作者、評介者商榷〉，《貴州民族研究》第 3 期，第 88－93 頁。

7. 任新民，1999〈試論基督教在怒江地區傈僳族社會變遷中的整合功能〉，《思想戰線》第 5 期，第 86－91 頁。

8. 東旻，2003〈川滇黔彝族同基督教的衝突與調適〉，《畢節師範高等專科學校學報》第 2 期，第 25－30 頁。

9. 徐世強，2003〈中國西南偏遠山區農村基督徒的宗教生活素描（上）以李子教點信徒為個案〉，《西南民族大學學報》第 12 期，第 387－392 頁。

10. 宮玉寬，2004〈貴州省赫章縣少數民族基督教現狀〉，《宗教與民族》第 3 輯，第 211－223 頁。

11. 宮玉寬，2011〈中國少數民族基督教會之比較研究——以朝鮮族教會和苗族教會為例〉，《中央民族大學學報》第 3 期，第 91－95 頁。

12. 何明、吴晓，2006〈基督教音乐活动与艺术人类学阐析——以云南芭蕉菁苗族为个案〉，《思想战线》第 4 期，第 151－158 页。

13. 何明、钟立跃，2007〈基督教信仰下的少数民族农村和谐社会建设研究——以云南三个苗族村寨调查研究为例〉，《学术探索》第 5 期，第 107－112 页。

14. 张慧玲，2007〈唱响自然的旋律——苗族合唱排练之我见〉，《中国校外教育·理论》第 3 期，第 125 页。

15. 杨民康，2007〈圣经旧约中的犹太教圣殿祭祀音乐解析——兼涉与云南少数民族基督教仪式音乐的几点比较〉，《武汉音乐学院学报》第 1 期，第 125－132 页。

16. 杨民康，2011〈云南少数民族基督教仪式音乐的新变异〉，《世界宗教文化》第 5 期，第 41－49 页。

17. 王再兴，2008〈苗语圣经翻译传播及其社会文化影响〉，《宗教学研究》第 1 期，第 206－212 页。

18. Carl F. Sehalk，2009〈马丁路德论音乐〉，《金陵神学志》第 3 期，第 77－107 页。

19. 高树林，2009〈黔西北彝族民间音乐文化的保护与开发研究〉，《贵州大学学报》第 1 期，第 6－10 页。

20. 张云峰，2009〈葛布教会研究〉，《和田师范专科学校学报》第 1 期，第 236－238 页。

21. 汪瑶，2009〈对红河州石屏县的两所学校和富民县小水井村苗族唱诗班的考察——从文化生态环境的构建看云南传统音乐的可持续发展〉，《云南艺术学院学报》第 4 期，第 78－80 页。

22. 卢秀敏、秦和平，2009〈基督教在黔西北彝汉杂居地区传播的现状调查——以贵州赫章、威宁的两个村落为研究个案〉，《北方民族大学学报》第 4 期，第 106－111 页。

23. 宋建峰，2009〈基督教视野中的民族文化保护与发展——对云南怒江流域少数民族文化问题的思考〉，《云南行政学院学报》第 4 期，第 146－149 页。

24. 宋建峰，2010〈基督视域中的傈僳族特色文化重述〉，《西南民族大学学报》第 9 期，第 11－18 页。

25. 高志英，2010〈傈僳族的跨界迁徙与生计方式变迁〉，《中国农业大学学报》第 3 期，第 124－131 页。

26. 高志英、李勤，2010〈族际关系对中缅北界傈僳族的跨界迁徙与民族认同的影响〉，《学术探索》第 5 期，第 80－85 页。

27. 汪瑶、李磊、康建中，2010〈富民小水井苗族合唱团歌唱方法及文化初探〉，《民族艺术研究》第 2 期，第 39—44 页。

28. 李冬哲，2010〈宗教信仰对西部地区农村经济发展的影响——基于昆明市富民县小水井村的调查〉，《农业考古》第 6 期，第 85—87 页。

29. 高志英、李珊娜，2011〈中缅怒族与傈僳族的分化与交融〉，《中国社会科学报》7 月 14 日，第 018 版。

30. 李昕，2011〈滇北花苗基督徒热衷唱诗原因解析——以云南昆明芭蕉箐教会为例〉，《西藏民族学院学报》第 1 期，第 90—94 页。

31. 东人达，2011〈黔西北滇东北彝族教会及其自立特征〉，《毕节学院学报》第 11 期，第 29—37 页。

32. 黄瑾，2011〈复合文化：基督教背景下的彝族文化变迁〉，《贵州民族学院学报》第 2 期，第 67—71 页。

33. 马良灿，2011〈石门坎花苗女性的宗教经验与社会生活〉，《教育文化论坛》第 3 期，第 127—132 页。

34. 庄勇，2011〈少数民族村庄基督教与乡村政权关系研究——以黔东南四个苗族村寨为例〉，《贵州省社会科学学术年会论文集》，第 13—20 页。

二、学位论文

1. 卢荣和，2004〈少数民族基督教信仰的田野研究：以云南怒江傈僳族为例〉〔博士论文〕（未刊），中国社会科学院。

2. 王新，2004〈马丁·路德音乐价值观研究〉〔硕士论文〕（未刊），河南大学。

3. 禄宁，2006《撒营盘黑彝基督徒信仰生活文化研究》〔硕士论文〕（未刊），云南大学。

4. 杨骁勇，2006〈归信过程中的宗教供求关系——对一个彝族基督徒群体的实地研究〉〔硕士论文〕（未刊），四川大学。

5. 华慧娟，2007〈基督教赞美诗在滇北苗族地区的传播、演变与文化意义〉，〔硕士论文〕，西安音乐学院，《“神”的光芒“人的情感”——西方音乐史研究文集》，北京：文化艺术出版社 2009。

6. 陈徐慧，2007〈基督教与少数民族宗教信仰的互动：滇中北傈僳族乡村基督教的调查与思考〉〔硕士论文〕（未刊），中央民族大学。

7. 卢成仁，2007〈风火中的野芦笙：一个怒江峡谷傈僳族村落中的基督教信仰〉〔硕士论文〕（未刊），云南大学。

8. 陈韦帆，2008〈知子罗的福音：一个怒江山村的现代生活〉〔硕士论文〕（未刊），中央民族大学。

9. 王亚卓，2008〈富能仁及其在怒江傈僳族地区的传教活动〉〔硕士论文〕（未刊），中央民族大学。

10. 钟立跃，2008〈基督教信仰与花苗传统仪式变迁──基于昆明四村的多点民族志分析〉〔硕士论文〕（未刊），云南大学。

11. 李磊，2009〈小水井苗族唱诗班美声唱法及溯源初探〉，〔硕士论文〕（未刊），云南艺术学院。

12. 龚建华，2009〈神灵与基督的对决：云南省福贡县傈僳族的宗教生活〉〔博士论文〕（未刊），北京大学。

13. 曹月如，2009〈云南怒江傈僳族基督教文化研究：以福贡县架科乡里吾底村为例〉〔博士论文〕（未刊），中央民族大学。

14. 付伟斌，2010〈怒江傈僳族基督教传播研究：以怒江州泸水县大兴地乡灯笼坝村为例〉〔硕士论文〕（未刊），云南大学。

15. 李晴，2012〈一个傈僳族村寨的音乐传播〉〔硕士论文〕（未刊），云南大学。

16. 李姗娜，2013〈20世纪泸水傈僳族基督教音乐舞蹈及其功能变迁研究〉〔硕士论文〕（未刊），云南大学。

三、专著

1. 〔美〕贾礼荣著，黄彼得译，1986《基督教宣教史略》，Malang：印尼东南亚圣道神学院。

2. 〔加〕杨宓贵灵，1992《我成了一台戏》，台北：中国主日学协会。

3. 〔加〕杨宓贵灵，1996《寻》，台北：中国主日学协会。

4. 〔加〕杨宓贵灵，2013《多走一里路就是一台戏》北京：世界图书出版公司北京公司。

5. 张坦，1992《"窄门"前的石门坎──基督教文化与川滇黔边苗族社会》，昆明：云南教育出版社。

6. 彭圣佣，1993《崇拜聚会程序与礼文》，上海：中国基督教协会。

7. 郑炜明、黄启臣，1994《澳门宗教》，澳门：澳门基金会。

8. 陶亚兵，1994《中西音乐交流史稿》，北京：中国大百科全书出版社。

9. 贵州省威宁彝族回族苗族自治县志编纂委员会，1994《威宁彝族回族苗族自治县志》，贵阳：贵州人民出版社。

10. 熊月之，1994《西学东渐与晚清社会》，上海：上海人民出版社。

11. 政协怒江州文史资料文员会编，1994《怒江文史资料选辑：第一至二十辑摘编》，德宏：德宏民族出版社。

12. 高文德等，1995《中国少数民族史大辞典》，长春：吉林教育出版社。

13. 黄泽桂，1997《舞蹈与族群》，贵阳：贵州人民出版社。

14. 〔英〕Eileen Crossman，1997《山雨─富能仁新传》，香港：宣道出版社。

15. 〔美〕保罗·韦斯等，1999《宗教与艺术》，成都：四川人民出版社。

16. 〔美〕德本康夫人、蔡路得著，杨天宏译，1999《金陵女子大学》，珠海：珠海出版社。

17. 辅仁神学著作编译会，1999《神学辞典》，上海：天主教上海教区光启社。

18. 〔美〕黄思礼著，秦和平、何启浩译，1999《华西协合大学》，珠海：珠海出版社。

19. 〔美〕罗德里克·斯科特著，陈建明、姜源译，1999《福建协和大学》，珠海：珠海出版社。

20. 钱宁，1999《基督教与少数民族社会文化变迁》，昆明，云南大学出版社。

21. 徐以骅著，1999《教育与宗教：作为传教媒介的圣约翰大学》，珠海：珠海出版社。

22. 贵州省民族宗教事务委员会民族语文办公室等编，2000《（滇东北次方言）苗族歌曲选编》，贵阳，贵州民族出版社。

23. 颜思久，2000《云南宗教概况》，昆明，云南大学出版社。

24. 韩军学，2000《基督教与云南少数民族》，昆明：云南人民出版社。

25. 杨学政等，2000《云南境内的世界三大宗教》，昆明：云南人民出版社。

26. 郑天挺等，2000《中国历史大辞典》上卷，上海：上海辞书出版社。

27. 〔美〕保罗·亨利·朗著，顾连理等译，2001《西方文明中的音乐》，贵阳：贵州人民出版社。

28. 傈僳族调查组编写，2001《傈僳族：泸水上江乡百花岭村》，昆明：云南大学出版社。

29. 晏可佳，2001《中国天主教简史》，北京：宗教文化出版社。

30. 于力工，2002《夜尽天明－于力工看中国福音震撼》，台北：台湾橄榄基金会出版。

31. 〔英〕汤森著，王振华译，2002《马礼逊——在华传教士的先驱》，河南：大象出版社。

32. 〔瑞士〕巴尔塔萨著，刘小枫选编，曹卫东等译，2002《神学美学导论》，北京：三联书店。

33. 〔英〕安德鲁·威尔逊——迪克森，2002《基督教音乐之旅》，上海：上海人民美术出版社。

34. 〔英〕柏格理、甘铎理，2002《在未知的中国》，昆明：云南民族出版社。

35. 〔英〕肯尼迪等，2002《牛津简明音乐词典》，北京：人民音乐出版社。

36. 杜亚雄，2002《中国少数民族音乐概论》，上海：上海音乐出版社。

37. 〔美〕赫士德著，谢林芳兰译，2002《当代圣乐与崇拜》，台北：校园书房出版社。

38. 余新，2002《怒江文史资料选辑第三十辑·傈僳族》，怒江：政协怒江州委员会文史资料委员会。

39. 卓新平主编，2002《基督教小辞典》，上海：上海辞书出版社。

40. 〔法〕泰泽团体，2002《泰泽颂赞之歌》，台北：光启文化事业。

41. 〔法〕保禄·维亚尔著，黄建明等译，2003《保禄·维亚尔文集——百年前的云南彝族》，昆明：云南教育出版社。

42. 〔德〕马丁·路德著，马丁路德著作翻译小组译，2003《马丁路德文选》，北京，中国社会科学出版社。

43. 〔英〕麦格拉思著，马树林、孙毅译，2003《基督教概论》，北京：北京大学出版社。

44. 林茨，2003《福音谷》，石家庄：河北教育出版社。

45. 王治心，2004《中国基督教史纲》，上海：上海古籍出版社。

46. 何凯立，2004《基督教在华出版事业 1912－1949》，成都：四川大学出版社。

47. 孙邦华编著，2004《会友贝勒府－辅仁大学》，石家庄：河北教育出版社。

48. 〔古罗马〕奥古斯丁著，任晓晋等译，2004《忏悔录》，北京：北京出版社。

49. 吴泽霖、陈国钧等，2004《贵州苗夷社会研究》，北京：民族出版社。

50. 葛布教会，2004《基督教葛布教会百年史》，葛布：内部资料。

51. 刘锋，2004《百苗图疏证》，北京：民族出版社。

52. 东人达，2004《滇黔川边基督教传播研究 1840－1949》，北京：人民出版社。

53. 杨学政、邢福增主编，2004《云南基督教传播及现状调查研究》，香港：宣道出版社。

54. 谭树林，2004〈马礼逊与近代中西文化交流〉，杭州：中国美术学院出版社。

55. 〔美〕阿尔伯特·甘霖著、赵中辉译，2005《基督教与西方文化》，北京：北京大学出版社。

56. 高师宁，2005《当代北京的基督教与基督徒——宗教社会学个案研究》，香港：道风书社。

57. 何守诚，2005《圣诗学——启导本》，香港：基督教文艺出版社。

58. 王珉，2005《美国音乐史》，上海，上海音乐出版社。

59. 东旻、朱慧群，2006《贵州石门坎：开创中国近现代民族教育之先河》，北京：中国文史出版社。

60. 〔美〕马可·伊万·邦兹，周映辰译，2006《西方文化中的音乐简史》，北京：北京大学出版社。

61. 张兴荣，2006《云南原生态音乐》，北京：中央音乐学院出版社。

62. 《威宁苗族百年实录》编委会，2006《威宁苗族百年实录》，贵阳：内部资料。

63. 尹文涓编，2007《基督教与中国近代中等教育》，上海：上海人民出版社。

64. 沈红，2007《结构与主体：激荡的文化社区石门坎》，北京：社会科学文献出版社。

65. 禄劝彝族苗族自治县概况编写组，2007《云南禄劝彝族苗族自治县概况》，北京：民族出版社。

66. 基督教结构教会，2008《百年简史 1908－2008》，内部资料。

67. 李德龙，2008《〈黔南苗蛮图说〉研究》，北京：中央民族大学出版社。

68. 杨民康，2008《本土化与现代性：云南少数民族基督教仪式音乐研究》，北京：宗教文化出版社。

69. 朱发德主编，2008《滇西基督教史》，怒江：内部资料。

70. 朱发德主编，2009《圣歌弥漫的峡谷》，怒江：内部资料。

71. 李德龙，2008《黔南苗蛮图说》，北京：中央民族大学出版社。

72. 〔美〕威廉·埃德加·盖洛著，沈弘等译，2008《中国十八省府》，济南：山东画报出版。

73. 朱文光，2008《百年探路曲》，昆明：云南美术出版社。

74. 威宁彝族回族苗族自治县概况编写组，2008《威宁彝族回族苗族自治县概况》，北京：民族出版社。

75. 傈僳族简史修订本编写组，2008《傈僳族简史》，北京：民族出版社。

76. 怒江傈僳族自治州概况编写组，2008《云南怒江傈僳族自治州概况》，北京：民族出版社。

77. 阿信，2009《用生命爱中国——伯格理传》，郑州：河南教育出版社。

78. 贡山县基督教两会，2009《贡山县宗教工作情况》内部资料。

79. 吴晓等，2009《圣歌里的芭蕉箐——富民县东乡村芭蕉箐苗族村民日记》，北京：中国社会科学出版社。

80. 〔英〕塞缪尔·克拉克等，2009《在中国的西南部落中》，贵阳：贵州大学出版社。

81. 肖迎，2009《峡谷幽兰：福贡县鹿马登乡赤恒底村傈僳族村民日记》，北京：中国社会科学出版社。

82. 张慧真，2009《教育与族群认同——贵州石门坎苗族的个案研究》，北京：民族出版社。

83. 中国少数民族社会历史调查资料丛刊修订编辑委员会，2009a《傈僳族社会历史调查——中国少数民族社会历史调查资料丛刊》。

84. 中国少数民族社会历史调查资料丛刊修订编辑委员会，2009b《傈僳族怒族勒墨人（白族支系）社会历史调查——中国少数民族社会历史调查资料丛刊》。

85. 中国少数民族社会历史调查资料丛刊修订编辑委员会，2009c《中央访问团第二分团云南民族情况汇集——中国少数民族社会历史调查资料丛刊》。

86. 中国少数民族社会历史调查资料丛刊修订编辑委员会，2009d《云南民族民俗和宗教调查——中国少数民族社会历史调查资料丛刊》。

87. 中国少数民族社会历史调查资料丛刊修订编辑委员会，2009e《云南少数民族社会历史调查资料汇编（二）——中国少数民族社会历史调查资料丛刊》。

88. 中国少数民族社会历史调查资料丛刊修订编辑委员会，2009f《黔西北苗族彝族社会历史综合调查——中国少数民族社会历史调查资料丛刊》。

89. 中国少数民族社会历史调查资料丛刊修订编辑委员会，2009g《云南苗族瑶族社会历史调查——中国少数民族社会历史调查资料丛刊》，北京：民族出版社。

90. 侯兴华，2010《傈僳族历史文化探幽》，昆明：云南大学出版社。

91. 王大卫，2010《寻找那些灵魂》，香港：文汇出版社。

92. 古保娟女士、饶恩召牧师译述，2010《苗族救星》，昭通：内部资料。

93. 王永忠，2010《赫章苗学研究》，赫章：内部资料。

四、诗歌本

1. 1934 年汉文版《颂主圣歌》sol-fa 谱，中国国家图书馆缩微胶片。

2. 《葛布教会百年灵歌选集 1904－2004》内部资料。

3. 《基督教结构教会百年灵歌集 1908－2008》内部资料。

4. 《赞美诗歌 1384 首》内部资料。

5. 2005《颂主圣歌》（苗版汉译）内部资料。

6. 2005《赞美诗傈僳文版》，昆明：云南省基督教两会。

7. 《赞美诗（新编）》编辑委员会，1991《赞美诗（新编）》（线谱本），南京：中国基督教协会。

8. 苗文圣诗修订组，2010《苗文颂主圣歌附苗文新旧圣诗》，昆明：云南省基督教两会。

9. 其它各类赞美诗手抄本及内部编印本等。

五、网络文章

1. 苏文峰《中国教会史》
   http://www.jonahome.net/bbs/dispbbs.asp?boardid=65&Id=66969

2. 冷智〈坎上石门〉
   http://www.gz.xinhuanet.com/zfpd/2006-10/11/content_8232758.htm

3. 贵州师范大学党委统战部〈贵州基督教〉
   http://sub.gznu.edu.cn/tzb/dismemo.asp?idn=374&bz=1

4. 梵蒂冈第二次大公会议《礼仪宪章》
   http://catholic-liturgy.org.hk/info/ll.htm

5. 走进石门坎，http://www.shimenkan.org/info/mw/

6. 韩朝美〈一生为民无怨无悔的韩杰〉
   http://www.3miao.net/14306/viewspace-57159.html

7. 李亚丁《华人基督教史人物辞典》辞条"高漫夫妇"
   http://www.bdcconline.net/zh-hans/stories/by-person/g/gao-man.php

8. 佚名〈大花苗服饰〉
   http://www.gzxw.gov.cn/Ztk/MyZx/Puan/200907/79603.asp

9. 云南网〈怒江州"村村通"工程破解群众看电视听广播难题〉
   http://special.yunnan.cn/feature/content/2009-09/22/content_918051.htm

10. 泰泽团体，http://www.taize.fr

后　记

　　本书是我关于中国基督宗教音乐系列研究的第三本专著，第一本和第二本是藏区和华北地区天主教音乐的相关研究。也许是家门口前无风景的缘由，浸淫在中国基督教文化中时间太久，研究起来反而盲点诸多。接触基督教源于 1995 年，其后一直服务于北京各教会的音乐事工，自 2008 年起我开始迈向云贵地区的傈僳族和大花苗地区的田间地头，做起民族音乐学的研究，虽然在选题上远离我长期生活地区的内容，但回过头来仍无法回避令我乏力困惑的基督教文化中的诸多问题。本书并没有引用多类学科的多种方法大论，而是作为一个局外人的眼光和局内人的身份，平衡探究我对之了解的中国基督教音乐文化，因此在结语中，谈到的更多地是它的问题和期望解决之道。关于文化本土化问题，学界热衷讨论的世俗化和全球化影响的现象文中并没有细述，而是说明这是基督教福音派文化的自有特质。

　　特别感谢我的先生在云贵地区艰难的田野考察中几乎全程的陪同，使得我在身体上和精神上有着无与伦比的依靠和支持。特别致谢我十分尊敬的何光沪和高师宁两位教授的指导和鼓励，梁茂春老师、包爱军老师和嘉雍群培老师（已故）的指导，李四萍小姐的访谈笔录，以及台湾花木兰文化出版社的全体工作人员。本书写作水准有限，深望读者海涵。